전세금으로
살고 싶은
단독주택 짓기

전세금으로 살고 싶은 단독주택 짓기

초판 1쇄 2022년 06월 10일
지은이 정수옥 | **펴낸이** 송영화 | **펴낸곳** 굿위즈덤 | **총괄** 임종익
등록 제 2020-000123호 | **주소** 서울시 마포구 양화로 133 서교타워 711호
전화 02) 322-7803 | **팩스** 02) 6007-1845 | **이메일** gwbooks@hanmail.net

© 정수옥, 굿위즈덤 2022, *Printed in Korea*.

ISBN 979-11-92259-21-5 03320 | 값 15,000원

전세금으로
살고 싶은

단독주택 짓기

정수옥 지음

굿위즈덤

팍팍한
일상에서
벗어나자

살아가는 동안 많은 시련과 이겨내야 하는 일들이 무수히 많다. 힘든 시련은 어떤 방식으로든지 이기게 되고 지나간다. 중요한 것은 한 번 견뎌낸 시련을 또 다시 겪지 않게 힘써야 한다는 것이다.

조급한 일상을 보내면서 우리는 잠시의 여유조차 느끼지 못하고 살게 된다. 자동차를 운전할 때도 조급함이 보인다. 그런 모습을 보면서 가끔 이런 생각을 한다. 저렇게 급하게 가서 무엇을 하려는 걸까? 집에 일찍 들어가서 소파에 누워 TV를 보려고 저리 급하게 가는 것일까? 내 모습은 아닌가?

살아가다 보면 내 스스로 조급함을 만들어 분주한 시간을 보내는 것 같다. 늘 쫓기는 생활을 하더라도 정작 내가 하고 싶은 일은 조급한 시간 사이에 끼워서라도 하게 된다. 그래도 내 삶에는 큰 무리가 없다. 내가 일하면서 방송통신대학교를 다니고 공인중개사 자격증을 취득하면서 내일을 해나가도 아무 문제가 없었다.

시련과 고난도 내 마음가짐에 따라 다가오는 느낌이 다르다. 마음가짐이 바뀌면 내게 다가오는 일들도 바뀌어서 다가온다. 성격과 고집스러운 행동과 언어의 습관이 바뀌면 인생에 다가오는 일들도 변화되어 내게로 오는 것이다.

힘들고 바쁘게 살아가는 서민들과 직장인들의 내 집 마련의 꿈에 보탬이 되는 건물을 짓는 데 힘들어하는 건축주들에게 조금이나마 도움이 되었으면 한다. 이 책을 쓰면서 나는 전문 교과서가 아닌 일상을 평범하게 살아가는 사람으로서 내 집 마련이나 건축이 진행되는 과정을 보여주려고 했다.

'건축을 하면 힘들다, 고생한다, 짓는 것보다는 사는 게 낫다.' 이런 말들이 있다. 그러나 선한 건축주, 건물주가 되려는 분들에게 자신이 원하는 라이프를 위해서는 직접 건축을 해야 한다는 것, 그리고 건축 기술자와 시공 대표를 잘 만나면 건축을 즐겁게 할 수 있다는 것을 알려주고 싶었다.

모든 것을 결정짓는 것은 나 자신과 내가 만나는 사람들이다. 그에 따라서 라이프가 만들어지는 것이다. 부동산 투자, 단독주택 짓기에 있어서도 결국 그것을 이루어지게 만드는 것은 사람이다. 좋은 사람을 만나면서 좋은 집을 마련하고 내가 살고 싶은 집을 짓자.

목차

1장 직장인들의 내 집 마련의 꿈은 왜 힘들까

2장 열심히 살아온 당신, 꿈의 단독주택을 지어라

3장 그림 같은 디자인을 설계하는 8가지 방법

4장 전세금으로 살고 싶은 단독주택 짓는 법

5장 아파트보다 단독주택이 대세이다

1장

직장인들의
내 집 마련의 꿈은
왜 힘들까

내가
직장생활에만
너무 충실했나

　대부분의 직장인들은 학교 공부를 충실하게 하여 초등학교, 중학교, 고등학교 그리고 대학에 진학한다. 고등학교 때는 수능 공부에 취해 자연적인 환경과는 거리가 먼 주입식 교육, 논리에 따라 수학 공식을 외우고 사회 규범을 학문적 시각에서 보며 세상의 이치를 배우게 된다. 학교에서는 그저 사회 규범을 잘 지키고 성실하게, 근검절약해서 저축을 하면 잘살 수 있다는 논리로 시작한다. 학교공부를 마칠 때쯤 되면 취업이라는 관문을 통과하고, 세상에 나와 직장에 들어가 개인적인 사고나 행동보다는 조직의 사고와 규칙에 따라서 살아야 한다.

나는 전북기계공고를 나와서 고3 2학기에 동양물산에 취업을 했다. 그때 월급이 90,000원 정도였을 때다. 그때는 주 52시간 주 5일제 이런 말들은 상상조차도 할 수 없는 옛날쯤으로 하자. 아침에 출근을 하고 저녁 5시 30분쯤 야간작업이 없이 퇴근 하는 날은 그야말로 생일 같은 날이었던 시기이다. 나는 금형 파트 중 금형 수정을 해주는 파트에서 열처리 분야를 맡았다. 2교대로 주야간을 교대로 근무했다. 그때는 그저 열심히 일하고 저축을 해서 근검절약을 당연시하는 시대여서 누구나 적금밖에 모르는 시대였다. 아끼고 덜 쓰고 덜 먹고 돈을 모으는, 그저 일을 몸이 부서져라 하는 게 당연시되었던 시대다. 나는 그곳에서 1년 정도 근무를 했다. 왠지 나는 그때 그 공장이라는 곳이 잘 맞지 않았는지 새로운 곳에서 좀 더 자유로운 일터를 찾고 싶었던 것 같다.

나는 지인의 소개로 '탈' 커피숍이라는 곳의 주방 보조 일을 하게 되었다. 그 당시는 맥심커피가 유행이었던 시대였다. 생전 처음 물장사 하는 곳의 주방 일을 배우기 시작했다. 나는 흥미롭기도 하고 재미있기도 한 원두커피 배합 기술을 익히고 여러 가지 메뉴들을 만드는 기술을 사수에게 열심히 배웠다. 나에겐 그 생활이 재미있고 즐거웠다. 물론 월급도 공장 다닐 때보다 3배는 받았다. 어린 나이에 새로운 생활에 도전한 나에게는 꽤 괜찮은 수입이어서 당시엔 통장엔 늘 돈이 늘어났다. 나는 20대 생활을 그렇게 하고 때가 무르익어 군대 영장을 받고 28전차대대에서

30개월 대한 남아의 국방의 의무를 다하고 제대하였다.

제대를 하고 3개월은 시골 고향집에서 휴식을 하였다. 그러던 중 라디오 방송 일자리 소개하는 코너에서 광주에 가구 만드는 곳에서 종업원을 구한다고 해서 면접을 보고 출근하기로 했다. 그곳 영신성구사는 교회에 쓰이는 가구인 강대상, 성찬상, 지휘대 등을 만드는 곳이다. 나는 가구 제작 기술을 배우기 시작하였다. 나는 성실하고 열심히 일하였고 사장님이나 사부에게도 인정을 받았고 목공 기술을 잘 배워나갔다. 그러던 중 사부는 사정이 있어서 그만둔다고 하였다. 그 후 나는 성구 만드는 일을 맡아서 일해나갔다. 그런데 성구사 가구 일은 수금이 잘 안 되는지 월급이 제대로 나오지 않고 2~3개월 밀리는 일이 다반사였다. 나는 이렇게 하다가는 헛수고가 되고 일에 대한 대가도 받지 못할 것 같아 그 일을 그만두었다. 다시 사부의 소개로 대성건재사에 취직하여 문짝, 문틀을 수리하는 곳에서 일을 한동안 하다가 몸이 아파서 그곳도 그만두고 시골집에 와서 쉬고 있었다.

나는 복잡한 도시가 싫어서 서울 쪽에는 안 간다고 마음먹은 상태였다. 그런데 계기가 되어서인지 안산의 문 만드는 공장에 취업하게 되었다. 그곳도 안 좋은 일이 있어서 1년가량 일하다가 그만두고 쉬게 되었다. 그렇게 나의 공장 생활은 이쯤에서 정리하였다.

그러던 중 나는 건축 공사장에 관심을 가졌다. 공사 현장 일은 남자라면 그런 힘든 일을 해야 한다고 생각하고 건축 공사장을 찾았다. 안산 상록수에 있는 주택 목수 일을 시작하였다. 나는 손재주가 있어서 3일 정도 데모도를 하다가 중목수 대열에 올라 스라브 조립을 하고 실내 인테리어 공사 일을 하였다. 그 당시는 주택 공사는 목수가 기초 작업과 먹매김을 하고 문틀 각 코너에 매몰대라고 나무기둥을 세워주면 조적공이 벽, 방 등 칸막이를 쌓았다. 그다음에 목수가 패널로 틀을 조립하고 서포트를 고정하고 그 위에 철근 배근하고 콘크리트를 타설하였다. 그 당시는 옹벽은 벽돌 시공이고 슬라브만 콘크리트 타설하는 시스템이었다. 안산이나 일산 등 1기 신도시 주택 시공법은 그랬다. 그때는 목수가 모든 일을 총괄하여 내장 인테리어까지 마무리하는 시스템이었다. 목수가 현장에선 최고였다. 이곳에서 2~3년가량 일을 하였다.

나는 고향 형 친구가 소장으로 일하는 인천 남동공단 신축공사 현장, 당시 예일가구 공장 현장의 골조 공사하는 곳에 가서 목수 일을 하게 되었다. 그곳 현장은 바닷가 근처인지 기초공사 시 바닥에 물이 많아 장화를 신고 목수가 규준틀(야리가다)에 실을 띄워 매주면 그곳에 파일을 박고 기초 철근 공사를 하였다. 나는 공사 현장의 실무 기술을 단단히 배우며 일했다. 그곳 현장 일도 몇 년을 했는데 인건비가 잘 나오지 않아 그만두었다. 그 당시는 노임을 못 받는 경우가 부지기수였다. 그렇게 몇 군데 현장을 다니다가 이젠 공사 현장 전반의 오너가 되어야겠다고 마음먹고 지인의 소개로 아파트 현장으로 취업하였다.

그때 당시는 아파트 공사가 한창이었던 시대였다. 그때는 IMF가 오기 직전이었다. 월드건설 불로동 현장에서 일했다. 아파트 12개 동 공사를 했다. 아침부터 저녁까지 먹매김, 건물 수직 수평 확인, 자재 관리, 현장 인원 배치, 공정 맞추기 등 바쁜 일상이었다. 새벽 4시에 일어나서 일꾼들이 나오기 전에 상부 먹매김을 하여 작업자들이 차질 없이 일할 수 있게 해주었다. 그렇게 나는 아파트 공사 일을 하면서 성장하고 있었다. 그렇게 불로동 동부건설 현장과 파주 교하지구 월드메르디앙 현장 몇 년을 한 후, 독립하여 개인 하도급 공사를 하였다.

나는 단독주택, 다가구주택, 상가주택, 근생 등 형틀 인테리어 공사를 맡아서 하였다. 오랫동안 단단히 쌓아온 기술 덕분인지 일은 쉴 사이 없이 끊이지 않게 들어왔다. 이렇게 나는 일산 신도시, 안산 시화지구, 평택 다가구원룸, 아산 단독주택, 조치원 택지 원룸상가주택, 온양온천 주택지구, 군산 산북동 다가구주택지구, 청라 택지 상가주택, 서창동 택지 다가구, 김포 한강신도시 택지지구, 향동 택지지구, 지축 택지지구, 강북구, 용산구 빌라 공사 등 수많은 공사를 해왔다. 그 누구보다 현장 경험이 많아 수많은 일들을 경험하였다. 그렇지만 일만 많은지, 돈도 많이 버는지가 문제였다.

그러던 중 나는 지인 소개로 다가구 공사를 하러 갔다. 서해대교를 지나면 송악이 있다. 그곳은 단가가 괜찮았다. 준공 후에 잔금을 준다고 해서 조금 의심스러운 데가 있었는데 사장님이 좋은 사람 같아서 공사를 시작하였다. 기초 콘크리트 타설하고 1층 주차장 공사를 마치고 기성은 그런 대로 나오는 것 같았다. 나는 일을 열심히 하면 돈벌이를 되겠다 싶어서 인부들을 2개 팀 수배하여 직영 팀까지 3팀으로 4개동 공사를 진행하여 3층 콘크리트 타설을 하고 기성(전 과정에서 완성된 부분) 대금을 달라고 하였더니 조금만 기다리라고 한다. 나는 일꾼들과 상의했으나 결론은 일을 늦추고 돈 나올 때까지 기다린다는 것이었다. 모두 올라가버렸다. 직영 일꾼과 일부 친한 사람만 남아 공사를 진행해야 했다. 나는 돈을 융통하여 인부들의 인건비를 지급하고 공사를 시작했다. 남은 공사를 진행하여 마무리를 지었다. 그리고 기성을 달라고 했다. 또다시 기다리라고 한다. 황당한 노릇이었다. 나는 현장 집기를 내던지고 소리를 지르면서 난동을 부렸다. 우리는 경찰을 불렀는데 경찰이 합의를 보라고 하였다. 그 사장은 나중에 돈이 마련되면 주겠다고만 했다. 그렇게 나중에라도 주겠다고 하면 관에서나 현장 노동자도 어쩔 도리가 없는 게 현실이다. 남이 진행하는 일을 맡아서 공사를 하다 보니 왜 돈이 안 나오는지 정확한 사연을 알지 못한다. 은행에서 대출이 늦어져서 그런다고 하지만 대출이 가능은 한 건지 알 수도 없다. 이렇게 며칠을 기다렸지만 기성을 받지 못했다. 그래도 계속 다른 일을 하여야 하니 약속을 지켜 달라고 하고 철수하였다. 끝내 나는 이곳의 공사비 5,000만 원 상당을 받지 못하였다. 그것은 빚으로 돌변했다. 인부들 인건비는 지불해야 했기 때문이다. 그 이후로도 한 번 더 똑같은 일을 당했다. 결국 나는 1억이 넘는 금액을 빚으로 떠안아야만 했다. 돈은 줄 사람이 주어야 받을 수 있다.

여기에서 나는 새로운 사실을 인식해야 했다. 내가 돈 주는 사람이 되어야지 돈 받을 사람이 되어서는 평생 악순환을 끊을 수 없을 것 같았다. 하도급자가 아닌 원사업자가 되어서 돈 주는 사람이 되자고 다짐했다. 그렇게 하기 위해서 계획을 세우고 노력하자고 다짐하고 또 다짐하였다.

부동산 투자가
왜 나에게만
먼 나라의 얘기일까

대부분의 평범한 사람들에게 부동산이라는 개념은 정의되어 있지 않다. 내가 사는 집, 주변 사람들이 살고 있는 집에 한정되어 살아간다. 부동산이라는 용어는 전문 교육장이나 전문 서적에서나 매스컴을 통해 들려오는 것일 뿐 그리 큰 관심을 보이지 않는다.

이렇듯 환경이 사람을 지배한다. 최근 아파트 가격이 폭등하기 전에는 보통의 사람들은 그다지 아파트 변화에 관심을 보이지 않았다. 지금도 지금 올랐을 뿐이지 하고 낙관하며 가격이 다시 떨어질 거라며 스스로 위안을 하게 된다. 뉴스나 신문 등에 어느 지역 집값이 상승했다고 나오면 그런가 보다 인식을 한다. 우리 집 시세 변화는 얼마나 되었나 하고 잠깐 좀 관심을 보이다 이내 잊어버린다.

나도 20대 때 부동산 투자라는 단어를 생각해본 적이 없다. 직장생활 하면서 기술을 연마하여 더욱 더 필요로 하는 위치에 가서 월급을 더 많이 받으려고 열심히 일하고 매달 통장에 들어오는 월급을 보면서 살아간다. 하루 일과가 끝나면 주변 지인들과 술 한잔을 주고받으면서 서로 친분을 다지고 하루 일과를 끝내고 잠을 청한다. 주말이나 휴일이 돌아오면 경치 좋은 곳에서 물 구경, 꽃구경, 사람 구경을 하러 다니거나 맛있는 음식을 찾아 남해바다, 서해바다, 동해바다, 그 먼 강원도, 경상도, 전라도, 충청도, 팔도강산 돌아다니며 소주 한잔에 회 한 접시, 막걸리 한잔에 토종 닭백숙 신나게 먹고 마시며 재미나게 살아왔다.

통장에 한 달 일한 월급이 들어오면 대출금 갚고 빚도 갚고 나머지는 술도 마시고 사고 싶은 거 있으면 사고, 생각 없이 자기만족에 젖어서 살아왔다. 이자 갚는 신세에서 뭔가 새로운 돌파구를 찾지 못하고 세월을 무심히 살아왔다. 어디에도 부동산이라는 단어가 내 일상에는 없다. 그냥 나의 일터가 공사 현장이라는 것 외에는 없다. 부동산, 집이라는 단어가 떠오르는 건 이사 갈 집을 구할 때, 집을 구하러 다닐 때였다. 전세가 얼마인지 월세가 얼마인지 알아보고 '내가 살던 집보다 비싸구나.', '전에는 월세가 35만 원 하던 게 50만 원씩이나 달라고 하네.' 하며 관심을 가지는 것도 그때뿐이었다.

이사하고 나면 또 까마득히 잊고 다시 일상으로 돌아가 아침 4시부터 일어나 열심히 일만 하러 간다. 나름 기술도 좋고 일당도 많이 받으니까 돈 잘 주는 일이나 끊임없이 들어왔으면 좋겠다 한다. 그렇게 열심히 일하고 돈 벌고 쓰다가, 다시 현장에서 돈 사고가 나면 그 빚을 갚는다고 열심히 일한다. 머릿속에서 몇 년 일하면 빚을 갚을 수 있는지 계산하면서 늘 하던 대로 열심히 성실하게 일하는 게 나의 일상들이었다. 그러나 열심히만 해선 안 된다. 그 외에도 돈이 들어오는 시스템을 만들어야 했다. 그렇게 하지 않으면 악순환은 계속될 것이었다.

가끔 '부모님을 잘 만났으면 나도 돈 걱정 없이 잘 살았을 텐데.' 하는 이런 바보 같은 생각을 부질없이 해보기도 한다. 생각이야 자유겠지만 그것이 무슨 도움이 되는가? '나도 남들처럼 부모님을 잘 만나 좋은 대학을 나와서 좋은 직장을 갔으면 이렇게 힘들게 살지는 않았을 것이다.' 그런 생각으로 시작해서 허무한 망상을 하는 때도 있다. 돈도 벌기 전에 세금 걱정, 부모님 탓, 학교 탓, 남 탓하다가 진짜 중요한 것을 놓치는 것이 나와 같은 사람들이 범하는 오류이다.

나는 2018년경까지만 해도 주변의 여러 아파트들의 집값들이 하락하여 걱정하는 사람들을 많이 보아왔다. 그때만 해도 나는 집을 사느니 전세로 사는 게 낫다고 생각했다. 사실 나도 그시기에 서울에 있는 빌라를 손해를 보고 판 시기이기도 하다. 기준의 집은 시간이 지나면 노후화되어 집값이 하락할 거라는 생각이었다. 그렇지만 전세는 어찌하든지 전세금 원금은 남아 있으니 문제가 아니라고 생각했다. 어찌 보면 나도 전형적으로 부자의 생각과는 거리가 멀었다. 나도 구 아파트를 가지고 있다가 사업이 부진하여 팔고 전세, 월세를 전전하면서 살고 있었다. 그 당시에는 다시 집을 사겠다는 마음을 먹지 못했다. 왜 그런 생각을 하지 못했을까.

집을 못 사는 핑계는 무수히 많다. 돈이 없다. 이것이 첫 번째 문제이다. 공사 현장 일을 하다가 부도가 나서, 수금을 못 해서, 노임을 못 주게되어서 빚을 얻어다가 일꾼들 인건비를 주다 보니 나 자신은 진 빚을 평생 동안 갚아야 하는지도 몰랐다. 심지어는 공사비 대신 대출뿐인 미아리 빌라를 인수한 적도 있다. 결국 이자만 내다가 500만 원 손해를 보고 팔아야 했다. 매도하면 잔금을 받는 건데 도리어 매수자에게 500만 원을 지불하고 판 것이다. 그때 나는 나의 자본 계획을 다시 세워야 한다고 생각하고 은행 대출이자 비용을 줄여서 지금 나의 지출 비용을 줄여 빨리 빚에서 벗어나고 싶었다. 그래서 그 빌라도 그렇게 처분한 것이다. 나는 부동산하고는 잘 안 맞는 것 같았다.

나는 전라도 무주에 있는 다세대 주택 공사를 하게 되었다. 그때가 2010년경이었던 것 같다. 그 당시 나는 택지에 관심이 있었다. 종잣돈을 모아야겠다는 생각에 그곳 다세대 공사를 하려고 지방에 내려갔다. 그 다세대 공사는 단가도 괜찮은 편이어서 그곳을 택했다. 참 바보 같은 것이라는 것을 얼마 지나지 않아서 알게 되었다. 그곳 현장은 돈이 잘 나오지 않았고 결국은 공사비를 제대로 받지도 못해서 오히려 7천만 원 상당의 빚을 떠안게 되었다. 이렇게 혼란스러운 일을 겪고 인천으로 올라왔다.

인천 청라에 와서 공사를 하면서 조금씩 형편이 나아지기 시작하였다. 못 준 일꾼들 인건비도 만들어주면서 그럭저럭 2년 정도 일해서 일꾼들 인건비를 청산하고 나니 마음이 편안해졌다. 이때 나는 이렇게 열심히만 일을 한다고 해서 나에게 정의로운 생활이 아니라는 걸 깨달아가고 있었다.

그렇다. 현장에서 열심히 일하는 단순한 돈의 파이프라인이 아닌 다른 파이프라인이 더 있어야 한다고 생각하였다. 평범한 사람들은 직장에 출근해서 일하고 일정 규범에 맞는 생활을 하는 게 거부감이 없다. 아니 그 생활에서 벗어나면 모든 게 잘못될 것 같다고 생각한다. 그러나 내가 생각하는 잘되는 길, 성공하는 길과는 다소 거리가 멀었다. 직장에 충실하면 대리에서 과장, 부장이 되어 승진한다고 해서 새로운 일을 하는 것도 아니다. 갈수록 책임을 떠안아야 하는 직책으로 올라가고 월급이 올라간다. 결국 퇴직할 빌미를 많이 갖게 되는 직책이 되는 것이다. 모두가 그런 것은 아니지만 요즘은 시대적으로 명퇴, 정리해고, 권고퇴직 등 다양하게 조기 퇴직하는 사례가 많은 것 같다. 요즘은 안전한 직장은 국가기관 공무원 정도일 것이다.

나는 머리로는 부동산 투자를 해서 돈을 벌면 되지 않을까 생각은 한다. 실행하는 것은 생각과는 달리 쉬운 일이 아니다. 물론 돈도 없다. 보통 사람들은 머리로 투자를 결정한다. 단지 눈, 입, 귀로 듣고 자신만의 진실로 투자 여부를 결정한다. 성공한 투자자들은 머리로 안 한다. 그들은 지혜나 지략으로 한다. 지혜라는 게 급매물, 아니면 공동 투자, 아니면 차선책을 선택하든지 다양하게 부동산 흐름을 타면서 물건을 기다리는 게 아니라 흐름을 자기 자신의 것으로 만들어간다. 부동산 투자의 승자는 부지런하고 빠른 선택을 해야 한다. 그들은 부동산 현장을 시간을 만들어 방문하여 어떻게 하면 할 수 있는지, 어찌하면 좋은 물건을 찾을 수 있는지 끊임없이 두드린다. 나는 그렇지 못했다.

신도시가 들어서면 그곳에 내가 일할 곳은 없는지 생각하고 아는 분이 있으면 연락해보고 오로지 일자리 찾는 데만 열중한다. 뭐가 다른가. 부동산 투자를 하는 사람들은 그 부동산을 자신의 소유로 만들기 위해 생각하고 고민하면서, 가질 수 있는 방법을 찾으면서 자신의 것으로 만든다. 같은 부동산업을 하면서도 나는 일자리를 찾아 돈벌이를 할 수 있는 곳을 찾아다니면서 열심히 일해서 나의 생활을 유지하기 위해서 살아왔다. 부동산이라는 것에 대해 대하는 태도가 너무 달랐던 것이다. 왜 나는 그렇게 부동산을 소유하기 위한 생각을 하고 실행하려는 노력을 못 했던 걸까.

　나는 일정한 규범과 규칙에 따라 움직이는 사회생활을 벗어나려는 노력을 해보기는 했나. 늘 퇴근 후에 음주가무 지인들과 일상 얘기를 하며 늘 하는 생활에 익숙해 새로운 낯선 부동산 투자는 못 했다. 이제는 생각을, 생활을 바꾸어보자. 부동산이 있는 곳으로 토지 아파트를 구경하면서 평택, 영종도, 파주, 고양시 등 갈 데도 많다. 그런 곳에는 먹거리도 있다. 그렇다. 평범한 나는 부동산 투자가 먼 나라가 아니라 가까운 데 있어도 친숙하지가 않았다. 부동산이라는 용어도 대화에 별로 나오지도 않는다. 관심을 갖는 순간 부동산도 나에게 가까워진다.

03
———

아파트만
내 집 마련이라고
단정 짓는 건 아닌가

최근 들어 아파트 시세는 수도권이면 7억대, 서울이면 10억, 20억, 그 이상을 호가한다. 이래서는 평생 내 집 마련이나 할 수 있겠나 한숨을 쉬고 어떤 이들은 내 집 마련의 꿈을 포기하고 집 사려는 생각을 버리고 그냥 재미있게 인생을 즐기며 살아가자는 주의도 있다. 현실의 분양 시장에서는 한 번에 분양 경쟁을 뚫고 당첨되기가 쉽지가 않다. 그리고 수도권의 신축 아파트들은 10억, 20억대 하는데 집 없는 서민이 진입하기는 실로 어렵다. 현재의 자산으로는 진짜 말도 못 한다. 거기다가 대출 규제에 가격 상승으로 4억대 아파트가 10억대를 호가하고 8억대의 아파트들은 15억, 20억대를 호가한다.

이런 상황에서 부동산 투자를 잘 모르는 부린이들은 실망감과 상실감이 교차한다. 이제부터 저축하고 허리띠를 졸라매어도 5억대 이상의 현금을 가지고 있어야 수도권 아파트를 가질 수 있는 시대가 되었다. 아니면 전세를 끼고 매수하는 방법도 있다. 그러면 그 아파트에 당장 들어가 살 수는 없다. 다행이 아파트 가격이 몇 년이 지나 상승하여 효자 노릇을 해준다면 큰 위안이 되지만 반면에 대출 금리 상승 등 국제사회의 불황이 지속되어 시장 불안으로 아파트 가격이 하락이라도 하게 된다면 곤란한 상황에 처할 수도 있다. 현재와 같은 상황이라면 수도권 집 가격은 하락할 여지는 크게 없을 것 같다.

대한민국 대표 주택이라고 할 수 있는 아파트는 콘크리트 상자를 층층이 쌓아서 수많은 세대가 위아래로 살면서 공동 생활을 한다. 최근의 분양 아파트는 인프라 조성을 잘한다. 단지 내에 운동 시설이나 녹지공원 등을 조성하여 입주민들이 편리한 주거 생활을 할 수 있게 한다. 주차 공간이 확보되어 퇴근 후에 주차하는 데 문제가 없다. 아파트의 편의성은 시간이 갈수록 좋아진다. 그러다 보니 너도 나도 아파트 분양 시장에 뛰어들어 청약 열기가 높아지는 것이다. 분양만 받으면 분양가의 2배 이상 폭등하는 경우가 다반사이니 분양 시장이 핫한 것은 당연한 것이다.

지금은 아파트가 재테크 수단이 되고 재산 증식의 기회가 되는 시대이기도 한다. 수도권에 GTX 주변 역세권 아파트들은 지역에 따라 분양가의 2배 이상을 호가하는 일은 당연시된다. 그 여파로 주변 아파트들도 덩달아 몇 억씩 치솟아 오르고 전체적인 집값 상승을 부추기기도 한다. 현실이 이런데 아파트 투자를 누가 안 하겠는가.

　양도세 폭탄, 각종 부동산 관련 세금의 급등에도 불구하고 아파트 청약 열기는 식을 줄을 모른다. 그 여파로 오피스텔, 도시형 생활숙박시설의 분양 시장도 달아오르고 있다. 우리나라는 아파트가 부동산 가격 상승의 견인차 역할을 주도하고 있다고 봐도 무리는 아니다.

　그렇듯 아파트가 폭등해도 아파트 한 채 가지고 있는 사람들은 덜 불안하다. 여하튼 다른 아파트들이 오른다고 해도 내 집도 같이 오르게 되니 별 문제는 없다고 본다. 그러나 무주택자는 어떤가. 마냥 오르는 집값을 따라가려면, 집을 마련하려면 허리가 휠 지경이다. 이럴 줄 알았으면 진작 집을 사는 건데 집값이 떨어질 수 있다는 생각에 전세를 살았으니 이렇게 아파트가 재산 증식의 도구가 될 것이라는 것을 알지 못했다. 이제는 아파트를 사려고 해도 도저히 엄두가 안 나는 구조이다. 오를 대로 오르고 앞으로 얼마나 더 오를지도 모르고 가지고 있는 돈으로는 턱없이 부족한 게 현실이다. 이제부터 집 장만하려고 생각하니 너무나 큰 갭을 어찌 해나갈지 난감하다. 정부에서는 반값 아파트, 저가 임대주택을 공급한다고 하지만 임대 아파트도 전월세이다. 반값 아파트라는 것이 속내를 들여다보면 토지는 국가가 그 위에 지어진 건물만 서민들에게 준다고 하는 것 같다. 또다시 격차를 키우는 것이다. 이제는 복지라는 명목으로 국민에게 세금을 많이 걷는 정책인데 서민에게만 혜택을 줄 거라는 생각은 버려야 한다.

이제는 현실적인 생각을 하고 나의 자산 정리를 해야 할 때다. 나는 오래전에도 아파트에 살았었다. 나는 주차장이 지하에 있고 눈비를 피할 수 있다는 장점 외에는 아파트가 좋은 것을 크게 느끼지 않는다. 그리고 나는 낮은 층의 1층을 선호하는 편이어서 고층 아파트가 좋다는 생각도 없다.

나는 단독주택에 살고 싶었다. 그렇다고 시골 마을의 단독주택은 아니다. 예전부터 나는 도시 주변의 의료시설과 편의시설이 있는 곳의 단독주택에 살고 싶었던 거지, 전원의 시골 논밭이 있는 자가용으로 한참을 나가야 편의시설이 있는 곳의 단독주택에 살고 싶은 건 아니었다. 난 예전부터 늘 도심의 단독주택을 꿈꾸면서 공동주택인 아파트에서 수많은 사람들이 층층이 살아가는 그런 공동주택은 별로 좋아하지 않았다. 우리나라의 아파트는 공동으로 생활하는 사람들이 편리하게 살아갈 수 있도록 수년의 세월이 흐르면서 계속 업그레이드되어 이제는 신축 아파트들은 풀 옵션에 가전가구들이 갖추어져 있는 공동주택으로 변화하여 모든 사람들이 살아보고 싶어 하는 공간으로 자리매김한 것이 사실이다. 공동주택인 아파트인 것만 빼고는 내가 이상적으로 생각했던 단독주택과 많이 같아지고 있다.

이제 그것을 단독주택에서 실현해나가는 것은 어떤가. 왜 그것이 아파트여야만 하는지 생각해보자. 도심 속에 단독주택이면 의료시설과 편의시설도 즐길 수 있다. 녹지가 우거진 도심 속에 아파트처럼 여러 사람이 한 건물에 있는 공동주택이 아닌 나만의 단독주택을 실현해보면 좋을 것 같다.

요즘의 택지개발 신도시는 아파트 공동부지 주변으로 여지없이 단독주택부지, 근생부지, 공원부지 등이 같이 조성된다. 그리고 공원부지 바로 옆에 공기 맑은 숲 앞에 단독주택부지가 조성되는 게 일반적인 신도시 구성이다. 그렇다. 이제는 도심 속의 단독주택이 꿈이 아닌 현실로 나타난다. 왜 꼭 아파트만 내 집 마련이라고 생각하고, 이미 가격이 올라가 버린 수많은 사람들이 층층이 내 머리 위에도, 내 밑에도 여러 가구들이 살고 있는 그런 집만 내 집 마련이라고 바라보고 있는 것인가. 이제는 내가 원하는 위치에 공기 좋고 교통시설 이용하기 편리하고 편의시설이 주변에 있는 역세권의 단독주택을 내 집 마련이라는 목표를 세우고 가보는 것이 좋겠다. 멋진 나의 주택, 토지도 내 소유의 등기이고, 건물도 내 소유 등기인 단독주택. 단지 몇 평의 지분이 부여되는 아파트보다는 토지 70평을 갖는 게 훨씬 더 좋을 것 같다. 이제는 아파트보다는, 공동구분등기가 아닌 내 소유의 등기가 되는 멋진 토지를 소유하는 단독주택을 가져보는 게 어떤가.

아파트 가격이 너무 올라간다고 바라만 보고 있을 것은 아니다. 새로운 목표를 가지고 내 집 마련의 길을 찾아가야 한다. 아파트가 아니면 아파트보다 더욱더 멋진 나의 집을 상상하면서 또 다른 주택 마련의 길을 찾아보아야 한다. 나의 일터가 있는 곳에 단독주택 찾아보면 반드시 있다. 노력하고 꿈만 잃지 않으면 내 집 마련의 멋진 꿈은 반드시 온다. 도심에 퀄리티 있는 나만의 아름다운 주택을 반드시 지을 수 있다. 나의 단독주택의 꿈은 반드시 나의 상상 속의 집으로 멋지게 내 눈 앞에 펼쳐진다.

04

내 집 마련,
방법 찾아보면
신세계가 있다

모든 투자의 관점은 살아온 생활 여건이나 자라난 배경, 직장생활, 특수성 또는 주변 사람들이 누구냐에 따라 다양한 부류로 나누어진다. 어떤 이들은 직장인들에게 남은 시간을 효율적으로 이용하여 소액 투자부터 시작해서 주식을 통해서 재산 증식을 한다고 한다. 또 코인 등 가상화폐에 투자해서 돈을 버는 사람들은 앞으로 코인, 가상화폐를 중심으로 화폐 구조가 변화하여 블록 체인화된다는 분들도 있다.

이렇듯 우리의 정보들은 각자 자라온 환경이나 자신들만의 투자 환경에 따라 생각이 나누어진다. 우리나라만 그럴까. 어렸을 때부터 우리는 교육을 받는다. 하지만 교과서에서는 성실하고 근면하게 열심히 일하면 된다고 가르친다. 우리는 어린 시절부터 어느 교육 과정에서도 주식 투자에 대한 교육이나 부동산 투자를 하는 과정을 아무것도 배우지 못한 채 자라나서 높은 교육열에 높은 취업의 문턱을 넘기 위해 열심히 공부한다.

학교에서는 도덕 교육, 수학 교육만 받는다. 돈 버는 방법, 부동산 투자나 집을 사려면 어떻게 알아봐야 하고 등기부는 어떻게 봐야 하는지, 어떤 부동산에 어떤 장점이 있고 어떤 단점이 있는지, 어떤 부동산이 올라서 나에게 안정적인 주택이 되는지, 어떤 부동산이 향후 물가 상승으로 인해 오르고, 어떤 부동산이 경기 상승에도 불구하고 제자리걸음을 할 것으로 보이는지, 어떤 부동산이 지가 상승 가능성이 높은지, 이런 부자 되는 일은 어떤 교육기관에서도 가르쳐주지 않고 가르치려고 하지도 않는다. 여기서 우리는 환경으로 인해 앞날과 경제력이 자신의 의지에 상관없이 대부분 결정된다. 그리고 서로 다른 삶을 살아가게 된다.

부동산 투자에 탁월한 사람들이 주변에 있는 사람은 어렸을 때부터 보고 듣고 답습을 하고 자기도 모르게 터득하게 된다. 그러나 부동산 투자와는 거리가 먼 직장생활을 하는 사람들이 주변에 많은 이들은 열심히 일하고 돈 모아서 가정경제를 일으키고 더 잘사는 기회는 공부 열심히 하고 좋은 직장에 취업해서 대부분은 대기업이나 공무원이 되는 것이 가장 큰 것이라고 어릴 때부터 체득하고 보고 듣고 몸에 익히게 된다.

이쯤 되면 부동산이라는 것에 대한 출발점이 시작부터 너무 차이가 난다. 어릴 때부터 투자를 이해하고 공부한 분들은 청년 시절부터 부동산이나 각종 투자 물건에 대한 재산 증식을 시작하여 빌딩주가 되고 건물주가 된다. 그렇지 못한 환경에 사는 사람들은 열심히 일하고 돈 모아서 부동산이나 투자 물건에 관심을 갖게 되는 시기가 훨씬 더 뒤처지게 된다. 정신 차리고 부동산이나 투자 물건에 관심을 가지고 투자를 하려고 보니 이미 가격은 오르고 올라 내가 손대기 너무나 벅찬 갭이 생겨나버린 것이다.

참으로 참담하고 허망하지 않겠나. 열심히 일하면 보상을 받고 잘살 수 있다는 현실의 교육시스템이 가르쳐준 대로 살아간 것뿐인데 결과는 너무나 심각하게 다르다. 요즘에는 공부 잘한다고 성공하는 것은 아니라고 사람들이 말한다. 예전에는 그런 말이 있었던가. 잘되려면 공부 열심히 해라, 공부를 못하면 3D 직업을 갖게 되어 힘들게 산다고 했다. 모든 사람이 오로지 공부를 열심히 해야 좋은 직장에 간다고 귀가 따가울 정도로 들었다. 맞는 말인가. 지금 현 시기에는 그 말이 틀리다는 결론이다.

집값을 보라! 운 좋게 좋은 위치에 집을 가진 사람들은 수억의 시세 차익으로 부의 수치 차이가 나타나지 않은가 말이다. 이중에는 직장에 열심히 다니며 저축해서 집 사서 진짜 차익을 얻은 분들도 많다. 열심히 공부해서 직장에 취직하는 것은 맞다. 열심히 다니면서 부동산 투자에 관심을 갖고 부동산 공부도 하면서 직장에서 받은 월급 외에 또 다른 수입원을 만들 수 있는 환경을 만들어야 한다. 우리는 이런 교육을 받지 못했다. 너무 열심히 일하는 바람에 우리는 이런 공부를 할 수가 없었다.

그렇다면 이제부터라도 공부해서 부동산 투자의 길을 찾아야 한다. 지금은 인터넷이나 부동산 정보 사이트가 폭넓게 많다. 부동산 사이트에 대해 전문적인 것 말고 우리 방식으로 편하게 하는 방법을 찾아봐야겠다. 부동산이나 시세 정보를 알 수 없어서 알아보려면 부동산에 방문해야 된다는 생각을 가지고 있을 수도 있겠다. 나도 부동산에 관심을 갖다가 중개사무소에 방문하기가 번거로워서 그냥 '다음에~.' 하면서 넘어가버린다.

지금은 인터넷에 검색해서 네이버 부동산에 들어가면 매매, 전세, 월세 가격 등 신상 정보를 바로 찾아볼 수 있다. 다음은 내가 원하는 조건이나 물건이 무엇인지 정해야 한다. 그냥 조건을 정하지 않고 검색만 하면 그저 시세가 비싸다 싸다, 이것만 생각하게 되니까 그러면 내가 원하는 부동산이 무엇인지 답을 찾을 길이 온데간데없어지게 된다.

먼저 내 가족 구성원이 필요한 게 무엇인지 생각해봐야 한다. 초등학생 자녀가 있는 분들은 근처에 도보로 안전하게 갈 수 있는 학교가 있는지가 가장 먼저이다. 어린아이가 도보로 대로변 큰길 건너서 초등학교를 다닌다면 어떨까. 걱정과 근심이 많아질 것이다.

다음은 공원이나 놀이터이다. 공기 맑고 아이들이 놀 수 있으면 좋을 것이다. 그다음은 병원이나 대형마트가 아닐까. 몸이 아프면, 감기라도 걸리면 근처에 병원이 가까이 있어야 하고 마트가 있어야 할 것이다. 또 스타벅스, 영화관, 아울렛 매장 등이 가까우면 휴일에 쇼핑하기가 더욱 좋을 것이다. 내 집 주변에 이 정도만 갖춰지면 최고일 것이다. 하지만 그런 곳을 찾기가 그렇게 쉽지는 않다.

내 집 구성원들에게 필요한 순서대로 순위를 정하고 계획하여 집을 알아보면 좀 더 쉬울 것 같다. 투자 여건을 고려하면 역세권이나 숲세권, 대형마트, 백화점이 있는지 알아보고 투자자들이 선호하는 부동산을 알아보는 게 더 좋을 수 있다. 가족 구성원이 살기 좋은 집을 구할지 향후 투자 대비 수익이 기대되는 집을 구할지는 재매매의 가능성을 두고 정해야 하는 또 다른 숙제이기도 하다. 무주택자에게는 가족 구성원이 살기 좋고 직주접근 환경이고 생활 편의시설이 있는 집을 구하는 게 좋을 것이다.

네이버 부동산에 들어가도 전세 월세 매매, 입주 예정일, 세대수, 주택 가격 등이 나와 있으며 실거래 가격 주변 시세를 알아볼 수 있다. 호갱노노에 들어가면 주변 개발 호재라든지 규제 사항, 투기지역, 투기과열지역, 조정대상지역 등, 그리고 앞으로 개통될 도로 상황 등을 확인 가능하고 다양한 정보를 알 수 있다. 부동산 계산기에 들어가면 각종 부동산세제를 계산할 수 있다. '일사편리'라는 사이트에서는 중개보수, 양도세, 보유세 등 토지건축물대장, 토지이용계획 등 모든 정보를 한 번에 열람할 수 있고 그 밖의 토지와 건물의 소유자 권리관계를 볼 수 있다.

이 정도 기초 조사만 해도 어느 정도 내가 원하는 부동산 대상을 알 수 있을 것이다. 그럼 이제는 내가 원하는 주택이 무엇인지 잘 점검해봐야 한다. 내가 원하는 지역, 내가 원하는 생활편의시설과 교통편을 고려하여 찾아나서야 한다. 네이버에 들어가면 공개매물들과 연결되어 내가 갖고 싶은 물건의 공인중개사사무소에 전화를 걸어 매물에 대한 상담을 하고 내가 찾는 물건과 일치되면 공인중개사사무소에 방문하여 상담하고 매물을 확인하고 알아봐야 할 것이다.

이런 과정을 거치면서 나의 부동산 찾기가 시작이 된다. 투자 물건이나 자가주택이나 내가 원하는 것이 뭔지 알아야 된다. 그것을 모르면 나중에 살아가면서 불편을 겪으면서 배우게 된다. 내 가족 구성원에 맞는 집을 고를 것인지 투자를 위해 역세권, 숲세권, 학세권을 찾을 것인지는 자기 자신의 경제 여건에 맞게 판단해야 한다.

여기서 이제는 내 라이프스타일에 맞는 집을 찾아야한다. 각종 검색 사이트에서 검색을 해봤다면 가격은 어느 정도 짐작할 수 있다. 종잣돈 크기에 따라 선택 기준이 다르다. 사실 경매 · 공매를 추천하는 사람들도 있다. 시세보다 저가로 매수할 수 있다는 생각에서이다. 경매 · 공매는 많은 시간과 전문 지식과 경험이 필요한 기술이다. 경매로 낙찰을 받았다 해도 임차인과 해결해야 할 보증금이나 각종 유치권 같은 등기부에 나타나지 않는 공시되지 않은 권리들에 대해 해결하고 소송을 해야 하는 경우가 많다. 전문 지식이나 시간적 여유가 없는 일반인에게는 경매라는 것은 힘든 일이다. 시세보다 저렴한 급매물을 자주 찾는 것도 새로운 방법이다. 그러기 위해서는 많은 발품을 팔아야 하고 부동산들과 친분 관계도 쌓고 많은 시간 공을 들여야 한다.

1주택자들은 지금 시세 차익을 보고 비과세를 받으면서 똘똘한 지역으로 업그레이드해야 한다. 내 집 마련을 통해 돈을 더 벌고 싶다. 아니면 편하게 살 수 있는 거주지가 중요하다. 내 집 마련에 너무 많은 조건이 붙으면 결단을 내리지 못하고 시간이 지나서 다시 하려면 또 부동산 가격이 올라서 비싸다는 생각에 못 하게 된다. 이런 악순환은 한 번 경험하면 또다시 경험하게 된다. 유튜브나 책을 보면 신도시가 개발되어 공급이 확대되면 집값이 하락한다고 말하는 사람들도 있다. 근데 하락하면 수도권 가격이 내려간 적이 있었나. 지금까지 몇 년 하락하면 일정 가격으로 하락했다가 다시 복귀하고 다시 올라갔다.

지금이 기회다. 늦었다고 생각할 때가 부동산은 가장 싼 시기이다. 우리가 뭐든지 늦었다고 생각할 때가 그걸 할 때라고 말하는 걸 많이 듣는다. 나는 지금 당장 부동산에 관심을 가지라고 하고 싶다. 서울 수도권의 인구 집중은 더 심해질 것이다. 수도권에 사는 젊은 세대가 지방에 내려가 살라고 하면 내려갈까. 서울의 집값은 떨어지지 않을 것으로 보인다. 약간의 하락이 있을 수는 있지만 지가 상승이나 물가 상승으로 더 많이 오를 수 있다.

부동산 가격 동향을 알려면 분양 물량, 입주 물량, 매매 거래량, 매매가 증가율, 전세가 증감율, 개발 호재, 경매 낙찰률, 청약 경쟁률 그리고 역세권 직주접근 학군, 초등학교 도보 거리, 연식, 용적률, 건설사 인지도, 최근 1년간 동일 연식 단지 대비 상승률, 재건축은 용적률 및 대지 지분 이런 데 친해져야 한다. 투자를 하는 사람들은 이 정도는 당연히 관심을 갖는 것이다. 지금은 관심만 가지면 인터넷에서 이런 모든 정보들을 쉽게 볼 수 있다.

이제는 3년 전 아메리카노 가격을 잊어버린다는 말이 있다. 부동산 가격이 오르는 것은 투기라기보다는 물가 상승 때문이다. 월급이 오르고 각종 생필품 가격이 오르고 건축 자재비도 오르고 부동산에 원바탕이 되는 토지도 물가 상승이라는 화폐 가치에 따라 오른 것이다. 가격이 상승하지 않으면 부동산은 왜 투자해서 사려고 할까? 부동산에 나만의 투자 목표를 세우고 나의 부동산, 가격은 오른다는 것을 당연하게 생각하는 순간 내 집 마련의 신세계는 있는 것이다.

05

인생은
누구나 죽을 만큼
힘든 때가 반복된다

29살 무렵 안산에서 목공 문짝을 제작하는 공장에서 일을 하던 때의 일이다. 전라도 광주 가구 공장에서 일하다 상경해서 근무하던 때의 일이다. 당시 목공하는 공장들은 대부분 사장님하고 직원 한두 명이 근무하는 가족적인 생활이다.

나는 그곳에서 문짝 만드는 기술을 배우고 있었다. 가구 만드는 성구 공장에서 일했던 나는 문짝 만드는 일은 손쉽게 습득했다. 주택 짓는 곳에 문짝을 만들어 납품하는 곳이었다. 때로는 손수 문짝을 달러 다니기도 하는 그런 곳이었다.

안산에는 친구가 철물건재상에 근무하고 있었다. 그 친구는 매형과 같이 일하고 있었고 나와는 고등학교 때의 친구로 절친한 사이였다. 일을 마치면 둘이서 저녁에 안산 시내를 다니면서 술을 마시고 놀고 같이 거의 붙어 다니면서 생활했다. 그리고 우리는 절친한 고등학교 때부터 같이 다니면서 장난치고 놀며 생각과 이야기를 공유하는 친구였다. 그렇게 그곳 생활을 하고 있었다.

어느 날 그 친구와 나는 안산의 외곽 식당에서 술을 마시고 놀다가 늦은 밤에 집으로 귀가하는 중이었다. 우리는 술에 취해 있었고 그곳은 외곽이어서 차를 가지고 자취하는 곳까지 가야 했다. 걸어가기는 너무 멀었고 그렇다고 택시가 다니는 곳도 아니었다. 그때 당시에는 그곳도 신도시였다. 차량은 내가 다니던 목공소에 있는 차로 출퇴근하는 공장 화물차였다. 내가 운전하려고 차에 오르는 순간 그 친구가 자기가 운전하겠다고 했다. 자기가 운전을 더 잘한다고 했다. 그래서 나는 친구에게 운전하라고 하고 나는 그 옆자리에 탔다. 취한 터라 아무 생각 없이 차에 올랐다.

얼마쯤 지났을까. 꽝 하는 소리와 함께 무언가 빙빙 도는 것 같았다. 앞

유리가 박살났고 차가 완전히 망가졌다. 정신은 멍했지만 내 몸을 보니 완전히 멀쩡했고, 그 친구도 술에 취한 기색이 역력했지만 몸은 말짱했다. 완전히 기적이었다. 망가진 차를 봤을 때는 살아 있는 게 진짜 기적이었다. 우리는 일단 자리를 떠났다. 휴대폰이 있었던 시절도 아니었고 연락하거나 어찌할 수도 없는 상태였다. 일단 정신이 온전치도 못했다. 그리고 그날 밤은 이렇게 지났다. 그리고 나는 그날 출근하지 않았다.

그 친구가 집으로 찾아왔다. 운전은 내가 한 걸로 하고 그 일을 수습하자고 했다. 자기가 운전했다고 하면 매형이나 목공소 사장님과의 관계가 난처하다고 하였다. 나는 난처하지 않다는 말인가. 참으로 어이가 없었다. 하지만 친한 친구인데 싫다고는 못 하고 그 놈의 의리라고 그 순간에는 생각하고 알았다고 했다. 그 당시 차량 수리비가 100만 원 정도 나왔는데 자기는 50만 원 밖에 없으니 나머지는 나보고 해결하라고 했다. 그래서 나는 어쩔 도리가 없이 차량 수리는 내가 마무리했다.

그날 나는 아무 데도 가지 않았다. 왜 이리 눈물이 나는지. 나는 이불을 뒤집어쓰고 자취방에서 한참을 울다가 정신을 차렸다. 태어나서 처음으로 이렇게 많은 시간을 울어봤다. 왜 우는지 생각했다. 슬퍼서 그런 것은 절대 아니다. 스물여덟 그 어린 나이에 배신감을 느꼈다. 친구라는 게 사람을 이용해서 자기 자신의 안위만 챙기고 친구 사정은 아랑곳없는 사람을 친구라고 생각했던 내 자신이 한심하고 바보 같아서 울었던 것 같다. 믿을 수 있는 건 오직 나 자신뿐이라는 생각을 하기 시작했다. 세상은 내 순진한 생각과는 딴판이었다. 이것이 사회생활의 첫 시련이었던 것 같다.

다음의 또 다른 시련을 얘기하기 전에 성인의 글을 인용하고 넘어가자. 정말 뼈 있는 맹자의 글이다.

天將降'大任'於斯人也(천장강'대임'어사인야)
必先勞其心志(필선노기심지)
苦其筋骨(고기근골)
餓其體膚(아기체부)
窮乏行其身行(궁핍기신행)
拂亂其所爲(불란기소위)
是故動心忍性(시고동심인성)
增益其所不能(증익기소불능)

하늘이 장차 큰 임무를 사람에게 맡기려 할 때는 반드시 먼저 그의 마음과 뜻을 괴롭게 하고 그의 근육과 뼈마디를 고통스럽게 하며 그 몸과 피부를 굶주리게 하고 그 생활은 빈곤하게 하여 하고자 하는 일마다 어지럽고 어긋나게 하느니라. 이러한 까닭은 그의 마음을 고통스럽게 하여 그 성질을 참게 하는 데 있나니 지금까지 할 수 없었던 일을 능히 할 수 있게 하기 위함이니라.

맹자의 말씀이다. 하늘은 인간에게 큰일을 맡겨도 되는지 아닌지 시험해보고 일을 맡기는 것 같다.

또 하나의 하늘의 시험을 치르게 되는 일이 벌어졌다. 그리고 여러 가지 일을 겪으면서 세월이 흘러 42살의 어느 여름날이었다. 전라도 무주에 빌라 공사를 하러 갔다. 그런데 그곳은 기초공사 하다가 중단된 곳이었다. 조금은 찜찜한 생각이 들었지만 김 사장을 만나서 얘기해보니 돈이 안 나오면 자기 집 대출이라도 해서 주겠다며 걱정 말라고 하였다. 워낙 시원시원하게 말해서 믿고 하기로 했다. 돈이 밀리면 자기 집 대출까지 해서 먼저 지불하겠다고 하니 일을 하게 되었다. 나는 미래에 다가올 시련을 예감하지 못한 채 그 일을 하게 되었다.

기초공사, 옹벽 공사를 무사히 마치고 공사 자재들을 투입하고 공사를 진행하였다. 나는 그동안 신용을 쌓아온 덕분에 건축 자재를 납품하는 곳에서 후불 조건으로 자재를 원활히 보급받았다. 지하실 공사를 무사히 진행하고 1층 공사를 진행하고 약속했던 공사 대금을 받을 때였다. 공사 대금은 10일가량 지연되었고 공사 대금이 집행되기 전날 김 사장은 만나자고 했다. 닭백숙 하는 식당에 들어가 나를 안심시키려고 여러 가지 사설을 풀었다. 다 듣고 나니 공사 대금이 약속보다 3천만 원 덜 나왔다고 양해해달라고 한다. 나는 공사 대금이 덜 나오면 누군가에게 돈을 지불할 수가 없었다. 그러나 어쩔 수 없었다. 자기 집 대출을 받아서 공사 대금을 지불하겠다던 김 사장의 말은 허언이었다. 하도급자 입장에서는 다음 공사 대금 날에 좀 더 확실히 해달라고 말을 하고 일을 진행할 수밖에 없었다.

나는 지금 이곳 현장에 내 모든 힘을 쏟아 부었다. 그런데 결국 공사가 끝날 때까지 공사비는 반도 받지 못했다. 사상 초유의 사태가 벌어졌다. 공사 대금 때문에 싸움도 벌어지고 경찰서에도 가고 가관이었다. 나는 이 일로 신용은 바닥에 떨어졌고, 일꾼 노임은 그대로 나에게 빚으로 돌아왔다. 이 공사로 나는 많은 빚을 지고 많은 마음의 상처를 받았다. 그동안 해온 나의 모든 것이 사라졌다. 바닥이었다.

나는 그동안 끊었던 술을 다시 마시기 시작하였다. 나는 끝내 혈압이 250 이상 수준에 오를 정도로 심각하게 술을 마셨다. 더 이상 마시면 돌이킬 수 없을 정도로 오장육부는 만신창이가 되었다. 폐인이 따로 없었다. 새벽 4시에 일어나 소주 한 병을 마시고 그리고 술이 깰 시간이 되면 또 한 병 마시고, 안주도 소세지 하나 먹고 아니면 날계란 하나 먹고 소주 한 병을 그냥 먹는다. 그러기를 반복하다 나는 소주를 마시기 어려워지자 그다음엔 그보다 약한 막걸리를 마시기 시작했다. 새벽에 일어나 국 대접에 막걸리 한 병 부어서 벌컥벌컥 마시고 멸치 한 마리 먹고 또 돌아다니다 술이 깨면 막걸리 한 병 국 대접에 마시고 이런 생활이 지속되고 나는 마시면서 이런 생각도 했다. '그래. 내가 술을 마시다가 이대로 죽어도 된다.' 술을 마시고 토하고 또다시 술을 마신다. 그러면 술을 다시 마셔도 정신이, 속이 멀쩡하다. 솔직히 술이 술을 마신다는 걸 진짜 아는 사람은 나같이 이렇게 토하고 다시 또 마셔 본 사람들이나 제대로 알 것이다. 이렇게 술에 취해 죽어도 좋다는 생각으로 거의 24시간 술에 취해 살았다. 그렇게 마시고 마시고 또 마셔도 죽지 않는다.

어느 날 종교단체의 박 여사님을 만났다. 그는 나보고 조상에게 정성을 잘 들여야 하는 일이 잘된다고 했다. 나는 조상에게 제사를 지내는 것은 좋은 일이라고 생각했던 터라 흔쾌히 승낙했다. 그때도 나는 술에 취해 있었다. 그리고 며칠이 지난 후에 나는 그곳에 갔다. 매일같이 술을 마시고 있는 나에게 그 박 여사님은 사기를 맞을 때는 다 자기 자신 탓이라고 하였다. 그 사기꾼은 당신이 아니라도 다른 사람에게 어차피 사기를 칠 사람이니 다 자신이 그 사기꾼의 꼬임에 빠졌다면 자기 자신의 탓이라는 것이다. 그때 나는 깨달았다. 그 당연한 사실을 왜 나는 그때까지

깨닫지 못했을까. 그리 쉬운 논리를 말이다.

박 여사님은 진실한 사람이었다. 그의 믿음을 강요하는 게 아니고 자기 자신이 상대방을 진실로 위해서 하는 것임을 느끼게 하는 사람이었다. 그 뒤로 나는 술을 끊었다. 그리고 나는 이런 생각을 했다. 술 하나 제대로 자제할 줄 모르는 내가 무슨 일을 할 수 있을까? 그때부터 나는 지금까지 술을 한 모금도 마셔본 적이 없다.

나는 원래 종교에는 아무 관념이 없다. 그렇다고 종교를 비판하지도 않는 사람이다. 나는 종교 관념이 없지만 진실로 상대를 위하는 마음으로 기도하라고 하고 상대가 잘되기를 원하는 마음으로 교화하는 것이 매우 좋았다. 박 여사님은 늘 그랬다.

사실 나는 종교에서 말하는 하나님이나 귀신 혹은 전생이나 신이 있고 없고에 큰 의미를 두지 않는다. 때로는 있는 것 같기도 하고 어떨 때는 말도 안 되는 것 같기도 하고 그 신이 인간이 아닌 영적인 존재가 인간의 일을 좌지우지한다면 인간의 노력이 아무것도 아니라는 말인가 하면서 말이다. 때로는 반대로 신의 영역이 있으니까 내가 생각을 바르고 현명하게 할 때 일이 잘 풀릴 수도 있을 것이라는 생각도 하면서 나는 종교에 대해 중립적인 위치를 취한다.

모든 것은 마음먹기에 달렸다. 나를 흔드는 모든 것은 나의 의지와 마음먹는 바에 따라 달라진다. 인생의 시련은 느끼는 바, 경험하는 바에 따라 삶에 커다란 힘이 된다. 나에게 그런 시련과 고통이 있었기에 나는 나의 삶의 주인공이 되어 살게 되었다.

전세금으로 살고 싶은 단독주택 짓기

06

직장인 내 집 마련
성공하는 법이
여기 있다

　최근의 부동산 가격은 실로 폭등이라는 말이 무색할 정도로 수도권 주택 가격은 가히 분양가의 거의 두 배 이상으로 올랐다. 정부의 집값 안정이라는 명분하에 이어진 부동산 정책을 비웃기라도 하듯 정부의 정책과는 반대 방향으로 역주행을 하며 정책을 내놓을 때마다 추가 상승을 이어갔다. 물론 상승 기류 때문에 정책과는 무관하게 올라가는지도 모른다.

　또 수도권으로 인구 집중이 심화되면서 오는 어찌 보면 당연한 수요 공급 법칙에 의한 정상적인 흐름인지도 모른다. 물이 원심력에 의해 위에서 아래로 흐르는 것과 같이 부동산 정책에 의해 흐름을 역류시키지는 못한 것 같다. 서울 등 수도권 부동산 가격 하락은 없을 것이라는 예고로 보이기도 한다. 모든 기업이나 사람들이 수도권·서울 중심으로 흐르는 것은 그 어떤 것으로도 막을 수 없는 것 같다. 여기에는 여러 가지 요인이 작동한다. 1인 가구로의 전환 등 인구는 줄지만 가구 수는 늘어나는 현상들도 여기에 일조하는 듯하다.

그래도 내 집 마련은 해야 한다. 내 집 마련에는 부동산에 대한 긍정적인 태도와 할 수 있다는 희망이 꼭 필요하다. 또한 내 집 마련을 위한 종잣돈도 무시할 수 없는 가장 큰 것이다. 첫째는 나의 종잣돈을 늘리는 게 필요하다. 여기에는 시간을 기다리는 끈기와 끊임없는 도전이 필요하다.

또한 내가 경제활동을 하는 지역이나 향후 내가 희망하는 지역을 분석하고 임장하여 열심히 공부해두어야 한다. 나의 머릿속에 공부가 되어 있는 것은 잊지 않고 준비하게 하는 힘이 되기도 한다. 내가 세운 목표에 꾸준히 도전할 수 있는 원동력이 되기도 한다.

나는 예전에 적은 돈으로 아파트를 매수한 적이 있었다. 그 당시 나는 적은 돈으로 매수할 수 있는 아파트를 찾아서 보고 있었다. 분양 아파트부터 급매물이 없는지 자주 부동산 관련 사이트나 정보를 찾아보고 있었다. 그러던 중 김포시 풍무동의 43평 아파트가 나에게 맞는 조건으로 나와 있었다. 1층이었지만 앞이 공원 뷰였고 반대쪽은 3층 높이 정도 되는 쪽에 주방에 있는 43평 아파트다.

비교적 소액으로 매수할 수 있는 적당한 계약 조건이었다. 이 아파트는 5년 전에 입주한 아파트이지만 단지 내 조경이나 녹지 조성이 좋은 쾌적한 환경의 아파트였다. 적은 돈으로 매수할 수 있었던 만큼 이자 부담은 되어도 일단 계약하고 입주했다.

사실 그곳은 늦은 나이에 결혼할 신혼집이기도 하다. 나는 그 후 1년 6개월가량 살고 내 소유 단독주택을 건축하여 입주하기 위해 재매도했다. 재매도할 때에도 주변 상권이나 학군이 괜찮아서 1억가량 시세 차익을 보고 매도할 수 있었다. 이와 같이 내가 하고자 하는 의지만 있으면 할 수 있는 물건은 반드시 있다.

후회 없는 내 집 마련에 성공하기 위해서는 몇 가지 전략이 필요하다. 교통, 편의시설, 브랜드 등이 있다. 직주접근이 용이하고 주변에 지하철역이 있는 경우 출퇴근이 편리함은 물론이고 향후 주거 이전 시에 환금성도 용이하다. 대부분 세대에는 차량이 한두 대는 있지만 그 가족 구성원 전체를 보면 교통 편의시설이 풍부한 것이 좋다. 주부들의 쇼핑이나 자녀들의 통학 출퇴근이 편리하다. 교통이 편리하고 전철역이 가까운 곳에 주택이 있으면 가격 상승이 지역 대비 높게 형성될 가능성이 높다. 역세권이 하락할 우려는 거의 없다.

학군과 편의시설이 좋아야 한다. 초등학교 자녀가 있는 가정에서는 학교가 가까이 있는 게 최고가 아닐까 싶다. 집값 상승이 이루어지는 곳에는 어김없이 초·중·고가 있고 교육 환경이 좋은 곳들이 많다. 학군을 품은 아파트는 분양가 대비 2배 이상 가격을 호가하고 있다. 어린 자녀들이 있는 세대에서는 학교가 갖는 비중은 가히 상당하다. 학교가 근처에 없는 아파트여서 버스 타고 걸어서 초등학교를 등교한다고 생각해봐라. 학부모들은 그런 곳을 선호하지 않는다. 학군이 없는 아파트는 시세가 잘 오르지 않는다.

대형마트나 할인점이 있는 곳이면 좋겠다. 현시대에는 할인매장이나 대형마트에 가서 물건을 구입하려 한다. 대량의 물건이 있고 각종 편의시설이 있는 대형매장을 선호할 수밖에 없다. 인근에 대형마트나 할인점이 있는지, 새로 개점할 계획이 있는지 살펴보는 것도 좋다.

아파트는 세대수가 많거나 브랜드를 따지지 않을 수 없다. 같은 조건이라면 브랜드를 꼭 따져봐야 한다. 지역에 따라서는 브랜드 가치가 수

천만 원을 호가하는 경우가 많다.

단지 내 조경이나 공원 시설들이 중요해지고 있는 추세이다. 근처에 호수공원만 있어도 가격 상승이 달라진다. 일조권이나 조망권이 매우 중요해진 게 추세이다. 주변에 녹지나 공원 시설이 있다면 생활이 쾌적해지고 가격 상승 견인차 역할을 하게 될 것이다.

주택 수요 물량과 공급 물량을 비교해보면 좋겠다. 수요량은 집을 구매하는 사람과 공급은 입주 물량과 매도 물량이 현실에 가까운 것이다. 하지만 분양 물량과 공급 물량도 잘 봐두어야 한다. 미래 가격 동향도 중요하다.

내 집 마련의 중요 포인트를 잘 잡고 정리를 잘해야 한다. 정리가 끝났으면 이제 내게 맞는 물건을 찾아 나서야 한다. 가격 상승기나 가격 하락기나 자기가 살 집이라면 언제 집을 장만해야 될지 말지 망설일 필요가 없다고 본다. 집이라는 것은 내 집이 하락하면 다른 집들도 하락하고 내 집이 상승하면 다른 집들도 상승하는 것이다. 늘 그래왔듯이 하락을 하면 다시 원 가격으로 되돌아오고 또다시 물가 상승으로 인한 상승이 이어진다.

내 집 장만할 때에 따로 시간이 있는 것이 아니다. 내 집 마련은 내가 할 수 있다는 믿음과 하려고 하는 꿈과 노력이 있다면 반드시 성공한다. 그냥 집이 아니라 돈이 되는 가격 상승이 이루어질 수 있는 똘똘한 나의 집은 내가 원하는 조건과 지역을 조합한다면 반드시 성공한다. 내 집 마련은 간절하게 원하는 내가 있는 한 반드시 이루어진다.

07
___

직장인
내 집 마련의 꿈은
왜 힘들까

아파트 가격의 폭등이 오는 상실감, 실망감, 미래에 대한 두려움이 피부로 느껴진다. 자신이 당면한 일이라면 막막하고 답답할 것이다. 집값이 너무 올랐기 때문이다. 서울의 아파트 가격은 눈만 뜨면 억 단위가 아니라 십억, 이십억 단위로 오른다. 듣기만 해도 숨이 턱턱 막힐 지경이다.

300만 원의 월급을 받는 직장인의 경우, 한 푼도 안 쓰고 모은다고 해도 10년이면 3억 6천만 원밖에 안 된다. 월급을 모아서 내 집을 마련하겠다는 직장인들의 계획이 얼마나 순진한 것인지 알 수 있다.

집값만 오른 것은 아니다. 주식, 암호화폐, 생필품, 농산물 등 모두가 올랐다. 꼭 뭔가 해보려고 하면 늘 그만큼씩 머니가 부족하다. 내 수입은 늘상 물가 상승 폭보다 항상 낮아 보인다.

1억만 있으면 집을 살 수 있을 것 같아서 소비도 줄이고 부지런히 일한다. 그렇게 4~5년 고생해서 모았더니 집값은 3억대로 껑충 뛴다. 언제 이렇게 집값이 올랐지? 자조 섞인 한숨만 쉴 뿐이다.

공인중개사사무소에 내걸린 집값을 보면서 한숨이 절로 나온다. 또 돈을 더 모아야 한다니 힘이 쭉 빠진다. 또 4~5년을 다람쥐 쳇바퀴 돌 듯 일해서 돈을 모아야 한다니 참으로 참담하기 그지없다. 남들은 부모 잘 만나 전셋집도 얻고 2~3년 돈 벌어 집도 사고 잘살고 있는 것 같다. 그런데 나는 어찌 이리 내 집 마련이 힘든 걸까. 이렇게 벌어서 과연 집을 살 수 있기는 한 걸까?

이렇듯 직장인들에게는 재산 증식이 어렵다. 그뿐이랴. 결혼, 육아, 은퇴 준비까지 줄줄이 돈들 일만 줄 서 있다. 내 집 마련도 힘겨운데 내 인생의 노년은 과연 어찌 되는 것인가. 과연 나는 노년에 따뜻한 방에서 밥 걱정 안 하고 살 수는 있는 걸까. 그러면 어떻게 해야 되는 걸까. 저녁에 야간 직장이라도 다녀야 하는 걸까. 야간에 알바라도 해서 돈을 더 벌어야 하지 않을까. 별의별 생각을 다 해본다. 그런데 밤에 일하면 낮의 일은 어떻게 하나. 내 일은 공사 현장의 고된 일인데 과연 밤에 일하고 낮에 버텨낼 수가 있을까. 직장인들은 대부분 나와 같을 것이다. 돈을 더 벌어서 집을 사려고 할 것이다. 더 나은 생활을 하려고 뭔가를 열심히 고민도 하면서 살아갈 것이다. 그러나 직장인들은 수입원이 정말 뻔해서 더 어찌하지 못한다. 그러면 어찌해야 한단 말인가. 뚜렷한 답을 찾지 못한 채 잠들고 만다. 그렇게 또다시 시간은 흐르고 흐른다.

소도 언덕이 있어야 등을 비빌 수 있다. 2011년도쯤 인천 청라지구 공사 현장에서 일할 때였다. 나같이 등 비빌 데가 없는 사람은 등 비빌 언덕을 스스로 만들어야 하지 않을까. 그래야 돈을 벌어서 내가 하고자 하는 일을 성취할 수 있지 않을까. 나는 막연히 이런 생각을 하게 되었다.

그러던 중 부동산 일을 하는 어떤 지인의 성공담을 들을 수 있었다. 그때부터 나는 '공인중개사 자격증을 따자. 그래서 부동산이라는 실제 매물이 거래되는 현장에서 일하자. 그러면 좋은 기회가 반드시 올 것이다. 삶의 현장이 부동산이 거래되는 곳인데 설마 그곳에서 내 집 정도도 마련하지 못할까.' 이런 생각을 해보았다. 좋은 매물이 있으면 당연하고 자연스럽게 나에게 찾아오지 않을까 생각했다.

그런 생각을 하면서 공인중개사 시험을 조금씩 준비하게 되었다. 첫 시험은 그냥 경험 삼아 보기로 했다. 그 시험이 그냥 적당히 공부해서 되는 것이 아니다. 어떤 시험인지 경험해봐야 한다고 들었기 때문이었다. 그렇게 공부해 공인중개사 자격시험을 보았다. 너무나도 당연히 불합격이었다. 일단 나는 공인중개사 자격증을 따겠다는 마음만 단단히 다졌다.

그러고는 일이 끝난 청라지구를 뒤로하고 아는 건축주가 있는 평택의 공사 현장으로 일하러 갔다. 기술이 좋은 만큼 나는 잠깐 이야기를 나눈 후 공사 계약을 따내고 일을 해나갔다. 그런데 이 공사 현장 일이라는 게 그리 녹록지만은 않다. 일이 많으면 좋을 것 같은데 오히려 돈벌이가 되지 않는다. 숙련된 기능공이 많지 않아 인력 공사의 협조를 받아야 하는데, 그런 인력은 생각만큼 일을 해주지 않는다. 결국, 사람을 너무 많이 투입하다 보니 공사 금액을 떠나 적자가 나기도 한다. 참 이렇게 현장 일이 힘이 든다. 평택 공사는 한 5,000만 원 정도 적자를 보았다. 이렇게 지방 공사 일을 정리하는데 또다시 다른 일의 제안이 들어왔다. 하지만 나는 단가가 낮아서 못 한다고 했다. 난 현장 일에 대한 미련을 버리고 다시는 지방 공사 일을 하지 않기로 마음먹었다.

사실 나에게는 늘 같이 다니는 직원이 몇 명 있다. 그 사람들에게 일자리를 제공해야 해서 쉽게 일을 거절할 수 없는 상황이었다. 그래서 빠듯한 공사비라고 해도 어쩔 수 없이 일할 수밖에 없는 상황도 늘 있었다.

이것이 나에게는 문제였던 것 같다. 이제는 이런 일을 되풀이하지 않으리라 마음먹었다. 학교를 졸업하고 갓 취업했을 때 어떤 분이 나에게 이런 말을 한 적이 있었다. 앞으로 사람을 사귈 때는 정에 연연하지 말고 아닌 것 같으면 단칼에 끊으라고 말이다. 그분은 그렇지 못한 나의 성격을 파악했던 걸까. 나는 좋게 말하면 한결같고 의리가 있다. 다르게 말하면 정을 잘 끊지 못하는 성격이다. 나에게 의지하는 사람을 이해타산에 따라 버리지 못한다. 그렇다고 해서 내 직원들이 성실하지 않거나 한 사람들은 아니다. 하지만 사업을 하려면 정과 인연을 맺고 끊는 테크닉도 필요하다고 본다.

나는 이번에는 인천 서창지구의 일을 맡아서 하기 시작했다. 이것도 공사 단가가 그리 넉넉하진 않지만 큰 어려움 없이 일이 진행되었다. 이때 나는 문득 생각하게 되었다. '그래, 세상을 살아보니까 이런 일을 하면서 보내도, 그냥 하고자 하는 일을 안 해도 똑같이 시간은 흘러간다. 그렇다고 그 시간에 돈을 많이 번 것도 아니다. 그리 열심히 일만 한다고 큰돈이 벌리는 것도 결코 아니다. 이도 저도 세월이 흐른다는 면에서는 별반 다르지 않다.' 이런 생각이 들었다.

그때부터 나의 오랜 소원의 하나인 대학교에 다니고 싶었다. 그걸 실현해야겠다는 생각이 들었다. 그래서 고민하다 야간대학은 나에게는 어렵다는 판단이 섰다. 밤에 쉬지 못하는 것이야 극복하면 될 일이지만 다른 문제가 있었다. 입학하려면 내신성적이란 걸 가지고 가야 했다. 나는 전북 이리의 전북기계공고를 나왔다. 그곳은 중학교 학교장 추천으로 성적 몇 등 이상이 되는 학생만 지원할 수 있다. 그리고 학비는 전액 무상이며 기숙사비만 내면 된다. 그때 당시 3만 원이 채 안 되는 기숙사비만 내면 되었다. 나의 부모님은 나를 대학에 보낼 형편이 안 되었다. 그래서 나는 공고에 지원했다. 그리고 그때부터 공부는 아예 손을 놓았다. 내신성적을 피하는 방법을 찾다가 나는 한국방송통신대학교에 진학하기로 했다. 나는 공부는 할 때 하는 게 더 효율적이라고 생각했다. 그래서 방송통신대 2학년 때 공인중개사 자격시험에 응시해 당당히 합격했다. 그렇게 좋은 기분은 난생처음인 것 같았다. 그해 겨울 공인중개사사무소 자리를 물색하고 12월에 김포시 마산동에서 개업했다. 꿈 같은 일이었다. 내 인생에서 이 시기가 가장 행복했던 것 같다.

부동산 일을 하면서 분양 정보, 주택 정보 등을 다양하게 접했다. 나는 내 집을 사야겠다고 마음먹었다. 그렇게 아파트를 알아보던 중 김포 풍무동 아파트를 적은 계약금으로 매수할 수 있다는 정보를 얻었다. 나는 그곳 분양 사무실로 갔다. 상담해보니 5,000만 원 정도만 가지면 42평 아파트를 계약할 수 있었다. 대출받아 계약금과 취득세를 냈다. 아파트 가격이 떨어지지 않을 거라 생각했기 때문에 나는 망설이지 않고 계약했다.

신규 분양 아파트는 입주하는 데 분약 계약 후 3년이라는 시간이 걸린다. 그 때문에 나에게는 맞지 않았다. 이 아파트는 전세 임대 후 재분양하기 때문에 매입하기가 쉬웠다. 인테리어 비용도 분양사에서 지불해주는 조건이었다.

그렇다. 부동산은 무엇보다 정보력이다. 직장생활을 하는 사람이라면 좋은 집, 내 집을 마련하고 싶은 생각은 늘 있을 것이다. 그렇지만 바쁜 일상에 쉴 새가 없다. 그렇게 일하고 쉬는 날이면 그동안 힘들게 일한 데 대한 보상심리가 작용한다. 그래서 친구, 지인들, 아니면 가족들과 모임을 갖거나 맛집을 가는 생활을 반복한다. 그런 만큼 내 집 마련의 꿈은 저 멀리 내팽개쳐진다.

내 집 마련은 자신이 직접 살 집을 고르는 일이다. 그러므로 위치에서부터 지역까지, 편리하기는 한지, 내가 마련한 돈으로 살 수 있는지, 주변의 생활 환경은 어떤지 등을 끊임없이 살펴야 한다. 나는 공인중개사 자격증을 취득했지만, 직장인들은 늘 부동산에 가서 내가 원하는 집은 어떤 것인지, 살 수 있는 방법은 없는지, 끊임없이 알아봐야 한다. 그리고 행동으로 옮겨야 한다. 그러면 길이 보일 것이다.

2장

**열심히
살아온 당신,
꿈의 단독주택을
지어라**

01
—

아파트에서
볼 수 없었던
단독주택의 행복

나는 2020년 8월에 착공하여 향동의 단독주택부지에 건물을 지어서 2021년 3월에 입주하였다. 처음 설계도면을 그리고 도면 수정을 하면서 나만의 독특한 주택을 구현하기 위하여 인테리어 구상을 하면서 탄생될 미래에 집을 구상한 때가 생생하다.

거실과 방은 편백나무로 인테리어를 하고 나니 절로 건강해지는 것 같다. 현관문을 열고 들어서면 편백나무향과 아늑함을 느끼고, 돌아서 주방 쪽을 바라보면 앤틱 가구 느낌이 나는 주방가구가 멋스럽고 고급스러움을 자아낸다. 거실의 모습이다.

아파트에 살 때는 지하주차장에 주차하고 걸어서 공동현관으로 들어가서 엘리베이터를 타고 다시 집 현관으로 이동해 집으로 들어간다. 편리함보다는 너무나 전형적인 구조로 공동으로 사용하는 공간이지만 이웃과의 왕래와 소통은 없었다. 그곳에 살 때는 주차 문제는 편하다는 생각은 조금 들었지만 기분이 상쾌하고 이제 즐거운 나의 집이라는 느낌은 아니었다. 현재 향동에 있는 주택의 현관문을 열고 들어서면 왠지 마음이 편안하고 좋다. 아파트에서는 느낄 수 없었던 편백나무 인테리어를 볼 때마다 힐링이 되고 좋다. 지금은 겨울이 끝나고 봄이 다가온다. 우리집 주택의 겨울 풍경은 한마디로 멋지다.

　나의 집에서 바라보는 설경. 도심에서 시골의 정치를 느낀다. 적당한 숲에 적당한 농촌 풍경이 나를 편안하게 만든다. 어릴 적 시골에서 아이들과 산과 들을 뛰어놀던 그때 시절이 아련히 떠오른다. 이런 집에서 사는 행복한 기분은 살아보지 않으면 느낌을 이해하기 힘들다. 눈 오는 아침 눈을 비비고 일어나 거실의 개방된 창을 바라보고 소파에 앉으면 자연스레 명상에 잠겨 옛날의 흐뭇한 기억을 떠올린다. 어릴 적 시골에서 지내던 추억도 떠올리고 한 폭의 풍경화 감상을 하는 듯한 기분이다. 이번 겨울에 장모님께서 아침에 일어나서 창가를 바라보고 계시는 모습을 보았다. 장모님께 뭘 보시냐고 물어보니까 창밖이 너무 아름다워서 한참을 바라보고 있다고 말씀하셨다. 이곳에 있는 동안 창가에 앉아 한참씩 바라보다가 움직이신다고 말씀하신다. 봄철에 바라보는 풍경 또한 일품이다.

전세금으로 살고 싶은 단독주택 짓기

즐거운 나의 집에서 바라보는 봄의 풍경은 참으로 멋지다. 적당히 핀 노란색 빨간색 옷들이 자연스럽게 내 마음의 경계를 없애버린다. 예쁨과 녹색의 푸르름에 취해 한동안 바라본다. 내 집 앞의 풍경이 어찌 이리 아름다운 수가 있을까. 보고 또 본다. 기분이 상쾌하다. 이뿐만이 아니다.

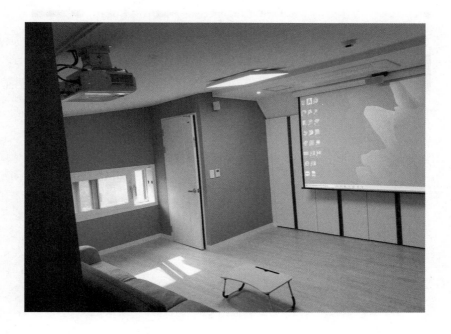

내 집의 4층에 복층이 있다. 주방 옆에 다락을 오르는 층계를 오르면 있다. 그곳에는 우리만의 극장이 있다. 우리 부부는 영화를 보고 싶으면 스크린을 내리고 검색해서 보고 싶은 영화를 보면서 서로에게 기대 행복한 시간을 가진다. 이런 맛을 느낄 수 있는 단독주택을 가지는 것은 어찌면 인생의 가장 큰 행복이기도 하다. 이런 자연의 싱그럽고 멋지고 예쁜 풍경화 같은 그림을 담는 단독주택의 이 맛을 우리 부부는 매일 느끼며 산다.

누구나
단독주택 짓는 꿈을
가지고 있다

누구나 예쁜 단독주택을 짓는 꿈을 가지고 있다. 나는 방송대학을 다닐 때 남해안 섬 갯벌 낚시 체험 프로그램을 1박 2일 일정으로 학교 선후배들과 다녀온 적이 있었다. 전형적인 시골 바닷가 마을이었다. 마을 입구에 들어가는 길을 차를 타고 가면 마을이 있는 곳이다.

바닷가에서 고기를 잡는 낚시 체험 프로그램을 하였다. 바닷가 물고기들이 돌아다니기는 하지만 나는 고기를 잡을 수가 없었다. 처음 해본 낚시여서 어떻게 하는지를 몰랐지만 그 낚시에도 요령이 있는 것 같았다.

나는 바닷가에서 그냥 낚싯대를 담그고 한적하고 편안함을 느끼는 시간을 가졌다. 저녁에는 바닷가에서 잡아온 고기로 요리를 하고 회를 먹는 계획이었다. 각자 일을 분담하여 요리 조, 청소 조, 고기 손질하는 사람 등 조를 나눠서 저녁 준비를 했다. 나는 고기 손질을 하면서 고기를 손질하고 씻고 조리 전에 고기 준비를 하였다.

여행지에 와서 하는 일이라 그런지 즐겁고 흥미롭고 재미있었다. 그렇게 각자 열심히 한 뒤의 요리라 그런지 이곳 시골에서의 음식들이 산해진미와 같았고 맛 역시 너무 맛이 있었다. 이 같은 요리는 이런 곳이 아니면 먹을 수 없는 것 같았다. 저녁식사에 맛있는 요리와 생선회를 먹으면서 즐거운 담소를 나눴다.

그다음 날은 바닷가에 나가서 해수욕을 하는 날이었다. 우리 모두는 수영복을 입고 바닷가에 나와서 즐거운 물놀이를 했다. 여행지에서의 물놀이는 어른 아이 할 것 없이 똑같은 동심으로 돌아간다. 나이 든 분들이나 어린아이들 할 것 없이 바닷가 물놀이는 정말 즐거운 것이다. 어릴 적 동심으로 돌아가 물장난하고 튜브 놀이도 하고 간식을 먹으면서 웃고 재미있게 이야기를 나누고 즐겁게 갯벌 체험 놀이를 한다.

오후에는 점심 먹고 자유 시간을 갖는다. 점심을 먹고 좀 쉬다가 선배와 함께 우리는 뒷산에 산책을 하러 나갔다. 집 뒤에 밭길을 따라 산길을 넘어가면 또 다른 세계가 우리를 맞는다. 밭들 사이로 고개를 넘어가보니 멋진 바다 풍경이 나온다. 아무도 모를 듯한 해변에 멋진 풍경, 푸르고 깨끗한 바다를 바라보면서 마음에 평온함과 왠지 모를 편안함과 안락함을 느낀다. 주변에는 등성이 주변에 밭을 보면 바다와 어우러져 삶의 터전이 이루어져 있다. 사람이 살려면 논밭에서 밥을 지을 쌀과 적당한 식탁에 생선들이 올라와주고, 육고기와 적당한 제철 나물이 있어야 맛깔나겠다.

역시 이곳도 사람 사는 곳이라 있을 게 다 있나 보다. 난 어릴 때 바다가 있는 곳에 가면 바다와 바다 고기만 있고 논밭은 없는 줄 알았다. 논밭과 산이 있는 곳은 바다는 볼 수 없듯이 그곳에도 쌀이나 이런 채소들이 없는 줄 알았다. 나는 고등학교 다니기 전에는 시골 마을에서 벗어나본 적이 없어서 쉽게 말하면 세상 물정을 몰랐다. 그랬었다.

그렇게 사색과 경관을 보고 있는 중 같이 간 선배 한 명이 우리 이곳에 한번 땅을 사보자고 제안했다. 그곳에서 바라보는 바닷가와 주변 경치는 정말 아름답고 이곳에서 평생 살고 싶은 마음이 들 정도였다. 여기에 땅을 같이 사서 집을 지으면 좋겠다고 하였다. 나도 또한 이런 풍경이 좋아서 그러면 좋겠다고 답했다. 그때는 나는 공인중개사 사무실을 개업하고 있던 터라 조금은 생각이 달랐다. 공인중개사인 나로서는 현실적인 문제를 생각하지 않을 수 없었다. 나는 내 생활권이 아니기 때문에 풍치는 좋지만 여기까지 와서 집을 지을 생각은 없었다. 다만 이런 곳에 땅은 하나쯤은 가졌으면 좋겠다는 생각은 하였다. 그 선배는 나중에 그곳으로 내려와 살 수 있다고 한다. 나는 같이 이런 곳에 살면 좋을 것 같다고 맞장구를 치며 멋진 주택을 짓는 구상을 같이 하면서 이야기를 하였다.

이렇듯 모든 사람들이 풍치가 좋은 곳에 가면 이런 곳에 전원주택이나 별장을 지어서 가지고 살아봤으면 하는 생각이 드는 것은 당연한 것 같다. 어느 누가 풍치 좋고 물 좋고 산 좋은 이런 곳을 마다할 리가 있겠나. 각자가 사는 삶이 고단하고 힘들어서 여기까지 힘쓸 여력이 없으니 그저 여행지에서 한여름의 꿈처럼 경치 구경하며 즐기며 놀다가 이런 곳에 살고 싶다고 한다.

편안한 여행지에서 놀다 보면 여행 일정이 끝나도 내 일정을 챙겨보고 하루 이틀 더 여행 기간을 늘리는 경험을 대부분 한 번쯤은 해보았을 것이다. 그만큼 풍치가 좋은 곳이면 그곳에서 떠나고 싶지 않은 것이 우리의 속내가 아닌가. 나도 경치 좋은 곳에서 그림 같은 집을 짓고 살고 싶었다. 건축 일을 하고 있는 나는 보고 들은 공사 경험이 많다 보니 짓고 싶은 건물 모습도 다양하다. 문제는 내 생활 거주 조건과 맞는 곳이 있어야 하는 게 가장 큰 문제이다. 시골 깊숙한 곳에 아무것도 없는 곳에 집을 짓고 살 수 없는 노릇이다. 모든 사람들의 머릿속에는 평화롭고 한가롭게 쉴 수 있는 그런 예쁜 집을 가지고 싶다. 적당한 정원과 주차할 수 있는 나만의 차고가 있고 밖을 내다 보면 넓고 보기 좋은 푸른 경치가 있는, 때로는 눈앞에 바닷가 수평선이 보이는 거실이 있는 그런 곳에 살고 싶다. 숲이 있어 맑은 공기를 공급해주는 그런 곳에 있는 나만의 주택은 누구나의 로망인 것 같다.

평화로운 집 안 넓은 소파에 앉아 TV를 보면서 한가로운 시간을 보낼 수 있는, 작은 앞마당의 티테이블이나 테라스에서 따뜻한 차 한잔을 마시며 집 앞으로 펼쳐진 경치를 즐기면서 한가롭게 얘기를 나누는 여유를 가져야 한다. 내 삶의 여유는 내가 나에게 줄 수 있다. 내가 단지 생각만 하다가 잊어버린다면 내 여유로운 삶은 누가 줄 수 있을까. 어릴 적 동화 속 그림 같은 예쁜 집을 상상하면서 나는 단독주택 꿈을 내 마음속에 쌓아놓은 것이다. 그언제부터인가 품은 나의 단독주택의 꿈은 성인이 된 내가 실현해야 어릴 적 나의 꿈이 현실이 된다.

많은 사람들은 나이 들어서 시골에 내려가서 전원생활을 할 거라고 말한다. 자그마한 텃밭을 이루고 살면서 마음의 여유로움을 찾고 싶은가 보다. 살면서 어릴 적 시골마을에 살던 시절이 나도 모르게 내 몸에, 내 머릿속 잠재의식 속에서 늘 꿈틀거리고 있는 것 같다. 나도 그곳 생활이 싫은 것은 아니다. 어릴 적 시골마을에서 살면서 씨 뿌리고 논밭을 일구고 살려고 하는 사람들도 많겠지만 그보다는 시골마을의 여유로운 삶에 대한 동경이 아닐까 싶다.

나는 시골에서는 살고 싶지 않다고 말한다. 나는 현장에서 힘든 공사장 일을 해온 터라 시골의 힘들고 더운 햇빛 아래서 농사일을 하고 싶지는 않았다. 그래서 나는 전원생활보다는 도시 생활을 더 동경하였다. 여러 시설이 있는 곳에서 살아야 된다는 생각에서다. 나이 들어서 의료시설이나 편의시설이 없는 곳에서 사는 것은 아니라는 생각에서다. 나이 들면 아픈 곳도 더 많아질 텐데 응급상황이 오면 병원 시설이나 의료시설이나 편의시설이 없는 곳에서 어떻게 힘없는 노년에 대비할 수 있겠느냐 말이다.

나는 시골의 단독주택보다는 도심 주변에 단독주택을 가지고 싶다. 농사를 짓지 않으면 온갖 식재료를 사러 다녀야 하고 생필품도 사러 가야 하는데 나이 들어서 이런 편의시설이 먼 곳에서 살게 되면 멀리 나가 사와야 하고 의료시설도 멀리 있으면 얼마나 불편한가. 도심 주변의 단독주택, 지금은 찾기 힘든 일이 아니다.

수도권 신도시에는 단독택지 부지가 대부분 조성된다. 지방의 신도시에도 단독택지는 대부분 조성된다. 그런 곳에 나만의 단독주택 짓는 꿈을 가져야 한다. 그런 신도시에는 도심의 편의시설을 공유하고 편리한 교통을 이용하고 편안하고 윤택한 생활을 하는 꿈이 이루어진다. 시골에 내려가지 않아도 도심 속 단독주택은 맑은 공기와 좋은 풍치를 선사하는 특혜가 주어지기도 한다.

이제 누구나 내가 단독주택을 짓는 꿈을 꾸어야 한다. 그것도 도심에서 편리한 주거 생활을 하고 나이 들어서가 아닌, 은퇴 후가 아닌 지금 당장 살 수 있는 단독주택을 짓는 꿈을 이루기 위한 노력과 행동이 있는 꿈을 꾸자. 이제는 단독주택 짓는 꿈만 가지고 있지 말고 현실로 이루어 보자.

마음만 먹으면
당신도 충분히
단독주택 지을 수 있다

전세금으로 단독주택을 지으려고 마음먹기가 그렇게 쉬울 수는 없다. 토지 구입비는 물론이고 건축비가 많이 들 거란 생각에 앞서서 내 형편으로는 이루기가 힘들다고 생각한다. 그러나 '어떻게 하면 단독주택을 지을 수 있을까?' 하고 지을 수 있는 방향으로 생각하면 할 수 있을 것이다. 자금이 부족하다면 자금 계획을 세워 순차적으로 종잣돈을 늘리는 방법과 요령을 배워보는 것도 방법일 것이다.

단독주택을 가지고 싶은 마음은 있지만 대부분은 나중에 여유로울 때

가져보려고 하는 막연한 생각들뿐인 것이 대부분 평범한 사람들의 생각이다. 단독주택을 지으려면 단독주택부지가 있어야 한다. 근데 대부분의 사람들은 거리가 멀리 있는 시골의 경치 있는 산이나 바닷가로 단독주택을 생각하게 된다. 거리가 먼 데 생각은 있어도 그냥 여름휴가나 가서 물놀이 하면서 잠깐 단독주택의 꿈을 생각하는 정도이다. 몸에서 멀어지면 마음에서도 멀어진다는 말이 있다. 생각은 간절하지만 손발이 닿지 않는 것이니 눈으로 보고 마음으로 느낄 수 없는 곳이다보니 그저 생각으로만 남을 것이다.

이렇게 현실에 와 닿지 않는 먼 고향이나 휴가지에서의 단독주택이다보니 무리는 아니다. 그렇다면 우리가 사는 집에서 가까운 단독주택이라면 어떨까. 내가 다니는 직장 주변에 있는 토지가 단독주택부지가 된다면 어떨까. 수도권 내 거주지 주변의 토지가 단독주택의 꿈을 실현할 수 있는 장소라면 생각이 달라지지 않을까 생각한다. 평범한 직장인이라면 단독주택을 가지려는 현실적인 계획과 꾸준한 공부가 필요하다. 아마도 대부분은 도시에 다가구주택을 보고 다가구주택이 있다고만 생각하고 깊이 고민하는 사람은 없을 것이다. 적어도 이런 주택에 투자해서 가져본 사람이 아니면 그렇다.

늘 살던 아파트에 익숙하여 단독주택부지에 있는 주택을 보고도 그냥 그곳에 있는 구성품으로만 취급해버리는 경우가 대부분일 것이다. 그곳에 찾아가 점심식사를 하고 저녁식사를 하면서도 내가 이런 주택에 살면서 임대를 놓고 내 소유 단독주택이 이런 점포 주택이 될 수 있다는 마음을 먹기도 쉽지는 않다. 이제는 도전정신으로 나도 가져봐야겠다는 생각을 해보자.

모든 것은 마음먹기에 달렸다는 말이 있듯이 마음먹는 게 쉬운 일은 아니다. 이제는 단독주택을 가져야겠다는 마음부터 먹어보는 게 좋을 것 같다. 단독주택을 가져야겠다는 마음이 확고하다면 이제 물건을 찾아야 한다. 내 생활권 주변부터 시작하여 내가 살아보고 싶은 지역이나 내가 원하는 인프라나 출퇴근이 가능한 지역, 아이가 있다면 아이들 학교 학군을 보고 내 가족에 맞는 지역부터 몇 개 선정해보자. 나는 서울 인근에 가까운 도시에 교통 괜찮고 차량 접근이 용이하고 공기 맑은 곳을 내 단독주택부지로 정해보았다.

김포시 마산동에 있을 때였다. 나는 그곳에서 공인중개사사무소를 운영하고 건축 공사를 같이 하고 있었다. 그 지역은 주변이 산으로 둘러싸여 있는 곳으로 공기는 좋았다. 그리고 직장이 바로 그곳이라 직주접근 또한 아주 좋은 곳이다. 나는 아이가 없으니 학군을 딱히 보지 않아도 되지만 먼 미래를 생각하면 학군도 보아야 한다. 살다 보면 아이도 생길 수도 있고 막상 살다 보면 생활 여건이 달라지면 더 나은 곳으로 갈 수도 있기 때문에 모든 걸 열어두고 부지를 보아야 한다. 그곳은 학군 또한 초·중·고가 근접해 있어서 나쁘지 않았다. 또한 경전철이지만 김포공항까지 가는 전철역이 생기는 곳으로 교통도 괜찮다.

그래서 이곳 토지를 살펴보고 있다. 그렇지만 여러 가지로 내 생각과는 조금 다른 토지들이 나와 있었다. 조금 괜찮은 땅들은 토지 시세가 생산자 시세가 아닌 소비자 시세여서 나는 조금 더 기다려보기로 하였다.

그 당시 2018년도까지만 해도 토지 거래가 일반인들에게 일상적인 투자재가 아니었던 시기였다. 그때는 주택 매매가 이루어지지 않은 시기에는 미분양 토지가 발생하고 토지 거래가 잘 이루어지지 않는 경우도 많았다. 사실 그곳도 한때는 미분양 상태였던 지역이었는데 LH에서 그전 분양가보다 더 높여서 재분양하여 완판되었다. 일부 비선호용도 토지 외에는 단독부지는 미분양은 없었다. 그곳 역시도 예전에는 땅을 보고 잘 사려고 하지도 않았던 곳이었다.

당시에는 주택 매매가 잘 이루어지지 않아 일반 건축업자들이 신축을 유보하는 시기이기도 하였다. 그렇지만 나는 단독주택에 관심이 많아서 주시하고 있었다. 그곳은 프리미엄이 6천만~7천만 원에서 2억 5천까지 다양하였다. 2억 5천 프리미엄은 초기 투자비가 너무 많아서 나는 할 수 없는 상태였다. 그렇다고 6천만~7천만 원 토지 역시 위치가 너무 안쪽에 있어 가격은 낮았지만 욕심이 나지가 않았다.

그때 나 역시 종잣돈 상태가 좋지 않았던 때다. 그래서 적당한 부지를 찾을 수 없었다. 그렇게 주변에 건축 공사를 맡아서 진행하면서 시간이 흘러가고 있었다. 그즈음에 나는 그곳에 건물 다섯 개 동을 건축을 해주었다. 나는 그동안 현장 실무 기술과 다양한 건축물에 활용됐던 건축법규를 적용해서 주택에 대한 평면 설계와 디자인 설계를 하여 건물을 지어주었다.

당시 준공을 필하고 전월세를 내놓으면 한 달 정도면 임대가 완료되었다. 건축주의 실생활에 불편함과 원하는 내부 환경을 반영하고 임차인들의 임대 트렌드에 맞게 설계해서 임대가 쉬웠던 것 같다. 건축주들은 만족하고 고맙다는 말을 많이 하였다.

다가구 단독주택의 핵심은 임대였다. 건축사에게 가설계를 받아서 평면 설계를 검토하여 컨셉을 잡고 건축사에게 넘기면 허가 받을 수 있는 도면으로 정리해서 보내오면 내가 다시 디자인 설계를 하고 외장디자인을 해서 건축주가 원하는 콘셉트으로 디자인을 하고 상의해서 재수정 절차를 거쳐서 도면 설계를 마무리한다. 건축 실무자가 시대 트렌드에 맞게 건축과 설계를 하니까 임대 만족도와 거주 만족도는 좋아진다.

시간이 흘러 나는 전에 청라지구에서 아는 사장님과 통화를 하게 되었다. 향동에 상가를 건축하니까 임대를 맞춰달라고 하였다. 수수료는 잘 챙겨주겠다고 한다. 그때는 전화를 받고 그곳에 상가를 지어서 분양을 하는가 보다 하면서 넘겼다. 그분이 인천항 옆에 항동을 얘기하는 줄 알고 그곳에 하는구나 하고 생각만 하고 그냥 지나쳤다. 얼마 후 다시 나는 건축 공사 도움을 받을 수 있는 게 있나 하고 전화를 걸었다. 한번 찾아오라고 하면서 주소를 보내주었다. 그런데 그곳은 고양시 덕양구 향동이었다. 나는 그다음 날 찾아갔다. 그런데 너무나 익숙한 도로였다. 누나집이 갈현동이어서 전에 일산 신도시 주택을 지을 때 자주 다녔던 도로였던 것이다. 그때는 컨테이너에 재개발추진위원회 현수막이 걸려 있고 주변에 중소 가구 공장들이 있던 곳이었다. 나는 의외로 친숙함을 느끼며 주변을 둘러보고 그분을 만나러 갔다.

그 당시 나는 일이 주춤하여 건축 일을 찾으려고 여러 방향으로 생각하고 있던 상태였다. 나는 대목 출신이어서 형틀 골조 공사에는 그 누구보다 전문가이다. 그 정도 상가면 도급 금액도 괜찮을 것 같아 한번 의사 타진을 하려고도 생각했다. 그러나 그분의 말이 의아했다. 공사 하도급

업자가 2~3억을 투자하고 공사를 진행할 수 있는 사람을 찾는다고 하였다. 그래서 그럴 수도 있구나 하고 난 포기하였다. 이제는 다른 방법으로 일할 곳을 찾아야 했다.

　나는 이곳이 향후 전망이 있다고 생각해서 부동산 사무소 자리를 물색하게 되었다. 지금 지어지고 있는 상가주택을 알아보기로 하였다. 그런데 현재 있는 상가들은 임대 구하기가 어려웠다. 사실인지 아닌지 이제 골조 공사가 끝나가는 곳이 임대가 다 되었다고 한다. 사실 신도시는 부동산 자리를 초기에는 내게 맞는 위치를 구할 수가 없다. 임대가가 최상이기도 하다. 현재 건축 중에 있는 곳을 먼저 계약해서 입주해야 초기 부동산업을 하기가 수월하기 때문이다. 건물이 다 들어서고 좋은 자리를 찾으면 임대료가 싸지 않으면서도 매매나 임대물건지 연락처 찾기가 어려워지고 토지나 건물주의 연락처가 없으면 토지나 건물 매매나 임대를 중개하기가 어려워진다. 신도시 토지 매매의 적정 시기는 건물 신축 초기 때라고 볼 수 있다.

　나는 중흥아파트 도로 라인에 있는 상가주택 1층에 2019년 8월, 부동산 임대차 계약을 하고 완공이 될 때까지 기다려야만 했다. 그리고 그다음 해 1월에 오픈하여 지금까지 이르러서 지금은 내 소유 상가주택 1층에 내가 대표로 있는 카이부동산중개사사무소와 주하종합건설하우징이 내 소유 건물에 사무실을 갖는 멋진 일이 벌어졌다.

이제는 찾아 나서야 한다. 단독주택부지를 꼭 매매를 하려고 가는 것이 아니어도 보고 듣고 공부해야 한다. 눈에서 멀어지면 마음에서도 멀어진다는 말이 있듯이 눈에서 가까워지면 자꾸 보게 되고 내 마음에서도 가지고 싶어지는 마음이 생겨서 행동으로 이어지는 일이 벌어질 것이다. 돈이 많다고 할 수 있는 것도 아니고 돈이 조금 있다고 못 하는 것도 아니다. 길은 있다. 내가 하고자 하는 의지와 마음과 행동과 실전 공부만 되어 있다면 단독주택은 노후에 갖는 게 아니라 지금 당장 가져야 한다. 마음만 잘 먹으면 누구든 단독주택을 가질 수 있다.

도시
주변 택지에
눈을 돌려라

도시 주변에는 구옥들이 있는 기존의 상권이 이미 형성되어 있어 원도시 개발이 쉽지 않아서 도시공사나 LH공사에서 도시 주변 그린벨트를 포함하여 새로운 도시를 개발하기도 한다.

도시 주변의 택지들은 생각보다 우수한 지역이 많다. 기존 도시보다 더 나은 환경을 만들기 위해 조성하기 때문에 택지 개발로 인한 토지는 생각보다 많이 우수하다. 아파트 위주로 생활 환경을 가져온 이들에게는 도시의 아파트 개발 분양에 묻혀 눈에 들어오지도 않았을 것이다.

내가 사는 곳 주변에는 삼송지구, 원흥지구 등 전철역을 포함하는 신도시들이 자리 잡고 있다. 지축지구, 덕은지구 등도 개발되어 점포 주택들이 속속 완공되어 가고 있다. 지축지구는 이미 지축역이 자리를 잡고 있어서 다소 편리한 전철역을 이용할 수 있는 점포주택들이 자리 잡아가고 있다. 새로 조성되는 지축지구나 덕은지구의 토지 프리미엄은 분양가의 2배 가격 가까이 호가하고 있으나 대부분 매물조차 없는 상태이다.

단독주택을 전원주택으로만 생각해온 분들에게는 지금도 생소한 얘기가 될 수도 있다. 이런 도시에 택지들은 누군가의 손에 완공되어 자리 잡아가고 있다. 내 주변 지역만 해도 수많은 신도시들이 조성되고 있다. 이렇게 계속되어 공급되어지는 신도시가 사람들의 손에 의해 메워지고 있다. 수도권에 몰리는 인구 집중 등 1인 가구로 인한 세대 분리가 주택의 수요에 크게 영향을 받고 있다고 볼 수 있다.

내 직장 주변 도시의 택지가 개발되고 있다면 단지 공사 현장이 있다고 생각하고 그냥 지나치고 말 일이 아니다. 인근 토지가 개발되면 주변 도로가 확장되고 신도로가 개통된다. 거기에 광역 교통망이 확충되어진다. 새로운 편의시설과 상업 시설이 들어서게 된다. 계획된 도시 인프라가 들어온 건 당연한 것 아닌가. 이쯤 되면 기존 도시와는 비교가 안 되게 반듯하고 깨끗하고 트렌드에 맞는 도시가 되지 않을까.

집장사하는 사람들이나 하는 사업으로만 여겨진 것이 사실이다. 그러나 이제는 일반적인 소액을 가진 서민들도 택지 시장에 뛰어들기 시작했다. 최근 부동산 폭등으로 인해 서민들이 많은 공부를 했던 건 아닐까. 그동안 주거는 아파트만 갖는 고유명사가 된 것이 우리나라의 현실이었다. 아파트 분양 시장에 뛰어든 투자 세력들과 함께 실수요자들이 내 집 마련을 해오던 게 현실이다.

지금은 단독주택에 대한 이해도가 일반인들에게도 높아져서 택지에 눈을 돌리는 투자자들이 많다. 비교적 투자에 비해 자산 운영의 안정성이 있기 때문이다. 실제로 잘만 하면 자기 투자 자본을 건축 준공 후 세입자를 입주시키면 전액 회수할 수 있는 장점도 갖추고 있어서 이제는 그 사실을 알아보는 투자자들이 나서고 있다.

도시 주변에는 지금도 토지 입찰 추첨이 계속 나오고 있다. 대부분 단독 토지도 입찰로 바뀌고 있지만 실수요자 보급용 토지들은 일부씩 추첨 분양되기도 한다. 주로 LH 공사가 하고 있으나 경기도시공사나 지방 도시공사들도 한다. 때로는 건설사들이 단독토지 분양을 하기도 한다.

직주접근이 좋은 단독택지 분양을 받거나 아니면 분양 토지를 매입하는 방법이 있기도 하다. 지금은 대부분 전매금지이지만 등기 후에는 매매가 가능하다. 이렇게 분양받은 토지 매매를 하는 것도 좋을 수 있다. 점포 겸용 단독주택 같은 경우에는 상가 입지도 매우 중요하므로 이미 분양받은 좋은 토지를 프리미엄을 주고 사는 방법도 좋다. 다만 적정 가격에 맞춰서 사야 한다.

토지주택 공사 사이트나 지방 공사 사이트에 접속해서 직접 입찰이나 추첨을 신청하면 좋지만 초보자로서는 다소 힘들 수도 있다. 그래도 좋은 토지를 고르는 방법이나 입찰 가격을 정하는 것이 그리 쉬운 게 아니다. 너무 높은 가격을 써넣으면 당첨이 되더라도 무리한 가격이라 수익성이 없을 수도 있고, 너무 낮은 가격은 당연히 탈락될 가능성이 높다. 가끔 보면 굉장히 높은 가격으로 좋은 토지라고 생각하는 곳에 낙찰을 받는 사람도 있다. 아무리 미래를 알 수 없을지라도 낙찰되어 좋을지는 몰라도 향후 매매 시에는 곤란한 경우가 생길 수도 있다. 아무리 좋은 토지라고 생각해도 현재 지가 또는 수익률이라는 최소 기준에는 맞아야 하기 때문에 신중하게 입찰을 해야 한다.

이제는 도시 주변 개발 지역 단독부지를 찾아 직장 주변도 좋고 내가 선호하는 지역에 있는 단독택지에 투자를 해보자. 나만의 단독주택도 지어보고 내 명의의 단독주택도 가져보면 어떨까. 도시 주변의 단독주택이 좋다. 왜냐하면 언제든지 내가 시간을 내서 내 집을 관리할 수도 있고 아

니면 내가 입주해서 살 수도 있다. 은퇴 후가 아닌 지금 들어가서 살 수
있는 도시 주변 단독주택에 눈을 돌려라.

숲세권, 학세권, 역세권,
다 누릴 수 있다면
멋진 삶이다

도심 주변에 조성되고 있는 신도시들은 대부분 쾌적한 주거 환경을 위해 조성한다. 지금 추세의 단독부지들은 대부분 녹지에 가까운 외곽에 조성된다. 내 주변의 대표적인 신도시의 조성 상태를 한번 대략적으로 비교해보자.

최근 단독택지가 지어지고 있는 덕은지구를 한번 보자. 덕은지구는 한강변과 가깝다고 볼 수 있다. 하지만 덕은지구의 단독부지는 한강변을 끼고 있지는 않다. 단독부지는 안쪽에 녹지를 두고 펼쳐져 있다. 숲세권

쪽으로 향하고 있는 모습이다. 상업 시설들이 한강변을 바라보고 있는 모습이다. 단독부지는 일단 숲세권 쪽에 조용하고 쾌적한 곳으로 조성되어 있다.

그곳 택지도 근처에 초등학교 부지가 있다. 초등학교도 도보로 쉽게 갈 수 있는 곳에 조성된다. 어린 초등학생들이 멀리 학교가 있으면 곤란하다. 초등학교가 가까이 있다. 이곳은 자유로 옆에 있는 한강변 주변의 미니 신도시이다. 차량으로 교통편은 양호하다고 볼 수도 있다. 여기는 아직 전철노선은 지나가지 않는다. 향후 덕은역이 생긴다고 한다. 언제 쯤인지는 아직 잘 모르겠다. 숲세권, 학세권, 역세권은 일부 부족하지만 대부분 만들어지고 있다.

덕은지구는 이렇듯 상암지구와 맞물려서 기존 신도시 인프라 또한 같이 이용하게 된다. 덕은지구는 자유로를 따라 서울 및 인천 김포 지역을 연결하고 있다.

다음은 지축지구이다 이곳의 단독부지는 녹지나 천변 주변에 조성된다. 기존에 도시에 전봇대들이 아직도 남아 있어 깔끔하진 않지만 대체로 녹지 환경이 많은 곳에 단독택지가 조성되어 있다. 기존 은평 신도시와 도로 사이를 두고 있어서 은평 신도시 인프라를 같이 이용할 수 있다.

이곳은 전철역을 중심으로 상업 시설들이 지어지고 있기도 하다. 이곳은 역세권이다. 이미 기존으로 전철 노선이 지나가고 있다. 현재 전철이 있는 신도시이기도 하다. 그래서 그런지 단독부지 건축이 빠르게 진행되고 있다. 이곳도 역세권을 누리는 신도시이다. 지상철이기는 하지만 전철을 이용하는 서민들에게는 교통만큼은 좋아야 한다. 임대시장에 교통여건은 많은 영향을 끼친다.

내가 살고 있는 향동지구이다. 덕은지구, 지축지구보다는 먼저 조성되기 시작한 택지지구이다. 이곳은 봉산을 뒤로하고 조성된 숲세권이다. 도시 전체가 숲으로 둘러싸인 공기 맑고 쾌적한 도시이다. 이곳의 주택 가격은 2배 이상을 호가하고 있다. 여기에 거주하고 있는 사람들은 살기 좋다고 지인들에게 소개해 투자자나 실수요자들이 살기 좋은 곳으로 많이 찾는다.

이곳은 초등학교 · 중학교 · 고등학교가 지구 안에 짧은 도보권 내에다 있다. 초 · 중 · 고가 택지지구 내에 있는 최고의 학군이라고 볼 수 있다. 젊은 부부들에게 인기가 좋은 곳이다. 연세 있는 가족들도 공기 좋고 쾌적하다고 좋아하는 것이 당연하다.

이곳 역시 지식산업센터가 지어지고 있고 사무실용 오피스 건물도 들어서고 있다. 주변에는 고양시 화전역이 있고 서울 쪽으로는 수색역, 디지털미디어시티역도 있다. 또한 상암동도 지척에 있다. 이곳은 현재는 전철역이 없지만 향후 수색역과 화전역 사이에 전철역이 생기기로 되어 있다고 한다. 창릉 신도시와 맞물려 향동지구 안에 고양선이 지나가는 것으로 예정되어 있어 역세권 예정지이기도 하다. 이곳 향동지구는 명실공히 역세권, 학세권, 숲세권이다. 내가 살고 있는 향동지구는 쾌적하고 조용하며 공기 맑고 좋다. 창문을 열면 새소리가 들린다.

도심에서 이렇게 좋은 공기 마시고 깨끗한 주거 환경을 갖추고 있다. 근처에 초 · 중 · 고가 있다. 학군 또한 좋다. 지금은 전철역이 없지만 향후 전철역 있는 역세권 지역이 된다. 이렇게 숲세권, 학세권, 역세권을 누릴 단독주택부지를 찾자.

지금의 교통 여건을 수도권 30분 생활권으로 만들겠다고 한다. 이런 곳이 아니더라도 GTX 지역의 역세권을 찾아보거나 기존 전철역 주변의 신도시를 찾아보자. 최근에 택지 조성의 모양을 보면 대부분은 녹지 주변에 단독택지가 만들어진다. 이제는 숲세권, 학세권, 역세권을 단독주택에서 누릴 수 있다. 이런 멋진 삶을 누려보자.

　전세금으로 살고 싶은 단독주택 짓기

이젠 전원생활은
도시의 편의시설 있는 곳의
전원주택이 대세이다

경치 좋은 곳에 내가 좋아하는 모습으로 집을 지어 생활하고 싶은 생각을 살면서 자주 하게 된다. 가끔 관광지에 가서 숯불에 바비큐 파티를 하면서 지인들과 모여서 고기를 숯불에 구워서 먹는 즐거움이란 것은 이루 말할 수 없다. 즐거운 담소를 나누면서 서로 간에 행복한 대화를 나누면서 맛있는 술 한잔을 하고 시간을 보낸다. 전원의 밭에서 채소나 고구마 등을 심으면서 조그만 수확의 기쁨 또한 누려보고 싶은 마음도 있는 것이 일반적인 생각이다. 강가나 계곡에 나가 그곳에서 삼겹살을 구워 먹으면서 한가로이 강가 계곡을 멍하니 바라보고 있으면 참으로 마음이 편안하고 한가롭다. 나는 청년 시절에는 시간이 나면 지리산에 자주 갔다. 나는 그곳 휴가지에서의 추억이 너무나 좋아서 그곳에 자주 갔다. 지리산 계곡에 무작정 찾아가서 계곡 주변의 식당에서 닭백숙 하나 시켜 놓고 개울가 자리에 앉아 있으면 주인장이 동동주에 닭백숙을 내어온다. 그곳의 닭백숙은 진짜로 살살 녹는다. 닭고기가 살살 녹는 맛이 일품이다. 그곳에서 한가로이 닭백숙에 동동주를 기울이면서 한가로운 시간을 가지면 마음이 여유로워져서 그곳에서 떠나고 싶지가 않다. 시간과 여건만 되면 평생이라도 그곳에서 지내고 싶은 마음이 가득하다. 이렇게 우리는 그런 한가롭고 조용한 계곡이나 산에 가면 마음이 여유로워진다.

바닷가 해변의 그늘진 곳에 앉아 한가로이 한여름 더위를 이기는 여름철에도 등장하는 전원생활의 그리움, 관광지 유원지에 가면 꼭 그러고 싶은 생각이 드는 건 왜일까. 나는 어릴 적 시골 태생이라 그리움 때문이라고 생각한다. 어릴 적 친구들과 개울가에서 물놀이를 즐기며 노는 그 순수함과 어린 시절에의 동경이라고 생각한다. 그다음은 어릴 적 어머니의 손맛으로 만들어진 시골 제철 음식들도 그리움에 일조를 한 것 같다. 이렇게 전원의 한가로움이나 아늑함을 누구나 그 시절이 있는 사람이라면 그리워할 것이다.

우리가 생활하는 데는 필요한 몇 가지가 있다고 본다. 한 가지씩 살펴보자. 금강산도 식후경이라는 말이 있듯이 우리의 먹거리를 해결하는 데는 마트가 필요하겠다. 맛나는 음식이나 싱싱한 과일, 생선이 있는 마트나 시장이 가까워야 할 것이다. 집에 먹을 게 없으면 큰일이니까. 지금은 대부분 대형마트에 가서 쇼핑을 하거나 여러 가지 물건들을 사는 추세이다. 대형 매장에 가면 시장 외에도 여러 가지 먹거리, 볼거리도 있다.

그리고 의료시설들이 가까이 있어야 한다. 요즘 같은 코로나 시대를 지나면서 알 수 없는 질병들이 속출하는데 의료시설이 당연히 있어야 한다. 나의 아내는 몸이 안 좋은 편인데 건강관리에 필요한 의료시설은 반드시 있어야 한다. 집 근처에 시설들이 없다면 난감하다. 도시에 있는 지금도 시간을 할애해야 해서 일이 있는 날에는 시설에 방문하기가 마음이 조급해진다. 의료시설만큼은 걸어서 다닐 수 있을 정도로 가까워야 한다고 생각한다.

그다음은 생활에 꼭 필요한 힐링 시설일 것이다. 요즘 시대에 먹는 것만 가지고는 안 된다. 가끔은 차 한잔의 여유로움을 위해 스타벅스나 그런 비슷한 카페도 필요하고 영화를 한 편 볼 수 있는 영화관도 필요하다. 맛있는 음식이 있는 맛집도 필요하고 쇼핑센터도 필요하다. 또한 교통도 편리해야 한다. 언제든지 내가 하고픈 일을 하려면 교통 여건도 중요하다.

지금은 여유로운 삶이 은퇴 후 노후가 아닌 지금 현재 삶에서의 여유로움을 원하는 사람들이 많아졌다. 지금은 대체공휴일과 주5일 근무로 인해 휴일이 많아진 만큼 취미생활이나 자기계발을 위해 시간을 할애하고 건강한 삶을 위해 현재의 생활을 즐기려 한다. 자녀들이 있는 가족들은 학교나 교육 시설도 가까운 곳에 있어야 한다.

전원주택에서의 생활이라는 것이 꼭 시골이나 휴양지 같은 곳이 되어야 하는 것은 아니다. 지금은 도심지에 상가주택이나 다가구 단독주택에서 전원생활을 추구하는 경우가 많아졌다. 다가구 단독주택에서는 밑에 층에는 전월세를 주고 4층에 거주하면서 테라스나 옥상에서 차 한잔을 마시며 때로는 삼겹살 파티를 하기도 하면서 여유를 즐기는 사람들이 많아졌다.

최근 조성되고 있는 단독주택단지는 녹지 숲 쪽을 바라보고 있는 것이 대부분이기 때문에 요즘은 단독택지를 이용하여 자기 트렌드에 맞게 건축하여 단독주택의 자유로움을 갖는 이들이 많다. 아파트에서 맛볼 수 없는 거실 창을 크게 하여 조망을 좋게 한다든지 작업실 서재 등을 만들어서 나만의 공간을 만들 수도 있다.

도심 단독주택의 경우, 생활의 인프라가 갖추어져 있어 단독주택의 자유로움과 편안함, 맑고 깨끗한 공기와 쾌적함을 누리는 동시에 도심의 편의시설을 함께 누릴 수 있다는 장점이 있다. 이제는 도심에서 단독주택을 만들자. 나도 도심에서 단독주택에 살아보니 참 좋다.

내가 만들어놓은 거실의 와이드 창은 언제 봐도 잘했다는 생각이 든다. 거실 소파에 앉아 창밖을 바라보면 뷰가 좋다. 시골의 느낌과 자연의 사계절의 변화를 바라보며 산다. 바라보고 있으면 농담처럼 이제는 놀러가서 펜션에 굳이 갈 필요 없다는 말이 스스럼없이 진담으로 나온다. 집에 있어도 창가로 비치는 봄꽃들과 앞산의 푸르름을 보고 가을에 낙엽을 그리고 겨울철 설경을 보고 있노라면 한 편의 시가 쓰고 싶은 생각이 절로 난다.

나는 원래부터 전원생활은 도심의 의료시설, 편의시설이 있는 곳이 좋다고 생각했다. 그리고 도시에서 단독주택에서 살 수 있는 방법이 없을까 하고 늘 생각해왔다. 이제는 도심의 단독주택에서 나의 마음 같은 창문 크기와 멋진 풍경과 도시의 편의시설을 함께 누릴 수 있는 곳에서 전원생활의 맛을 느끼는 게 대세이다.

07

단독주택,
꿈으로만
남겨두지 마라

.

언제나 단독주택은 내가 살고 싶은 집이다. 항상 나는 아파트 공동주택보다는 도시에 단독주택을 원했다. 개인적인 사생활에서는 타인의 시선에 영향을 받고 싶지 않았다. 나는 직업의 세계에서는 도전적이고 꼼꼼함을 발휘하면서 타인들과 실력에서 밀리지 않으려는 직업의식이 있다. 일을 하면 완벽하게 무슨 일이든 조그만 하자도 나 자신에게 인정을 베풀어주지 않는다.

그러나 나는 개인적인 삶에서는 편안하고 친숙한 분위기가 좋다. 사람들 또한 자주 본 친밀한 사람을 좋아한다. 처음 보는 사람과의 사적 만남은 별로 좋아하지 않는다. 개인적인 사생활을 남에게 보여주기를 좋아하지 않으며 개인적인 삶을 매우 중요시한다. 비밀은 아니지만 필요 이상으로 타인의 입에서 내 사적인 상황이 오르내리는 것을 싫어하는 편이다.

주변에서는 나보고 신비주의라고 하는 사람들도 있다. 사실 나는 모임에 나가거나 개인을 만나서도 개인사에 대해서는 거의 얘기하지 않는다. 내 개인적인 사생활을 물어볼 때는 단답형으로 "네, 그러네요."로만 답한다. 오랜 솔로 생활로 인한 개인주의적인 삶이 나에게 많은 영향을 끼쳤는지도 모른다. 거의 중년의 나이가 될 때까지 나는 독립적인 삶을 살아가고 있었으니까 어찌 개인주의적인 삶이 되지 않을 수 있을까. 당연한 환경인 것이다.

사람은 자기가 살아온 삶에서 자기 문화가 탄생하는 것 같다. 나는 독립적인 삶을 추구하였기 때문에 많은 사람들이 모여 사는 공동주택에 대한 감성이 늘 달랐던 것 같다. 공동주택인 아파트는 수많은 사람들이 드나들고 층층이 각기 다른 세대 구성원들이 같은 건물에 북적이고 산다. 물론 다른 현관을 두고 각기 다른 삶을 살아가는 것은 당연하다. 그런데 나는 왜 그런 아파트에 흥미를 갖지 않는 걸까. 거기에는 그동안 솔로로 독립적인 삶을 산 것이 나에게 그대로 적용된 탓일 수도 있다.

나는 늘 단독주택에 관심이 있었다. 그동안 그것을 가지려면 자금이라는 것이 필요한 터라 할 수 없는 상태라서 지켜보기만 하였다. 그곳에 살아보려는 마음만 있었을 뿐이다. 도시에서 살아야 한다는 생각과 단독주택이라는 것은 안 맞다고 생각할 수도 있다. 나는 그때도 지금도 도심의 단독주택이 가능하다는 생각이다. 실제로도 가능하다.

신도시가 조성되는 지역을 보면 단독주택지가 공동주택지와 함께 분양된다. 지금은 기회가 많다. 단독부지에 분양 신청해서 토지를 구입하여 주택을 내 주거 성향에 맞게 건축해서 나의 단독주택을 갖는 것에 대한 기회가 많이 주어진다. 때로는 분양된 토지를 매수해서 나만의 단독주택을 내 트렌드에 맞게 지어서 가질 수도 있다.

사람들은 누구나 단독주택을 가지고 싶어 한다. 이런저런 사정으로 실천은 못 하지만 마음속에는 늘 단독주택이 있다. 사실 아파트 열풍으로 아파트만이 투자 수단이라고 생각하고 주택을 기피하는 현상도 있을 수 있다. 그동안은 주택의 건축 수준이 아파트 수준에 못 미쳐서 주택이 안 좋다는 고정 관념 때문일 수도 있다. 빌라 같은 경우에는 전에는 빌라를 계약하는 날부터 하락한다는 말이 있었다. 사실 빌라를 매수하고 가지고 있다가 올라서 팔았다는 소리를 듣지 못했다. 재개발이나 재건축 단지들을 제외하고는 별로 듣지 못했다. 그래서 빌라는 당연히 오래되면 하락한다고 되어 있었다.

주택에는 빌라라고 불리는 다세대가 있고 단독주택이라고 하는 다가구가 있다. 다가구는 쉽게 말하면 전월세를 주는 것이고 빌라는 각각 세대를 구분 소유하는 것으로서 개념 차이가 크다. 지금의 주택 건축 수준은 아파트보다 수준이 훨씬 뛰어넘는 것들도 많다.

아파트는 획일적인 구조로 각각 세대가 동별로 같은 규격이이지만 단독주택은 개인 취향별로 각기 다른 구조와 실내와 외부 디자인을 구현할 수 있는 멋진 주택이다. 아파트는 불과 몇 평의 토지를 소유하지만 단독주택은 60평에서 100평의 토지를 소유한다. 단독주택이 미래에 개발이 된다면 60~100평 정도 토지지분을 가질 수 있지만 공동주택 아파트는 10평 내외의 토지지분만을 가지게 되는 것이다. 바닥면적 전부가 내 땅인 단독주택과 바닥면적이 불과 몇 평뿐인 아파트, 어느 것에 흥미를 갖는가? 내 땅이 전부인 단독주택을 강추한다.

단독주택부지는 내 땅에 내가 원하는 스타일의 인테리어를 하고 내가 원하는 외관과 내가 살기 편리한 평면구조를 표현해 지을 수 있다. 또한 눈앞에 보이는 경치와 푸른 자연 공원까지 갖추어진다면 어찌 단독주택을 갖지 않을 수 있을까? 이제는 단독주택, 꿈이 아닌 현실이다. 이제는 꿈을 실현해보자.

08

열심히 살아온 당신,
꿈의 단독주택을
지어라

새벽 4시쯤 일어나서 집을 나서면 버스정류장 근처에 사람들이 줄을 서서 기다리고 있다. 건설 현장에 근무하는 나는 그 시간에 일어나서 준비하고 출근을 한다. 공사 현장에서 일하는 인부들은 아침 7시부터 일을 시작하여 오후 5시쯤에 일이 끝난다. 고된 현장이다. 이곳을 노가다라고도 한다. 노가다의 원뜻은 행동과 성질이 거칠고 불량한 사람을 속되게 말하는데 막일꾼이라고도 한다. 사실 행동이 거칠다는 말은 좀 오해인 것 같고 고된 일을 하다 보니 몸이 고단해서 신경이 날카로워져서 신경질적으로 말을 하게 되는 것 같다. 거친 일을 하다 보니 뭐 말이 부드럽게 나오는 건 아니지만 실제 건설 현장에 일하시분들은 착하고 순하다.

나는 아파트 현장에 근무할 때는 현장에 출근하면 5시쯤 된다. 콘크리트 바닥에 먹매김을 하여 목수들이 작업하기 전에 레벨까지 측량하면 그때쯤 일꾼들이 일하러 올라온다. 그래도 아파트 현장 근무를 할 때는 인천 주변 지역이라 한 시간 이내의 출근 거리였다. 그 정도면 집 주변이라고 할 수 있다. 나는 운전이 힘들다고 생각한 적은 없었다. 고속도로를 달리는 기분은 유쾌한 일이었다. 그렇게 아파트 공사장의 월급쟁이 일을 정리하고 나는 개인 공사하는 곳을 찾아 일을 시작하게 되었다.

내가 처음 군대 제대하고 취업한 곳은 성구사였다. 그곳은 교회에 가구를 납품하는 곳이었다. 군대를 제대하고 처음 시작한 일이 목수 일이었다. 첫 사회생활의 시작이 자기의 직업이 되어버린 것이다. 배운 게 목수 일이다 보니 나는 자연적으로 인테리어 공사와 주택 현장의 목수로 일하게 되었던 것이다.

난 실업계 고등학교 공고 출신이라 군대 가기 전에는 공장에서 일했다. 나는 군대에서 전차병으로 근무하게 되었는데 기계 병과라는 곳은 대부분은 사격 훈련 아니면 전차 정비였다. 분기별로 있는 장비 지휘 검열을 받다 보면 거의 매일 옷이나 손에는 기름 범벅이었다. 손에는 기름

때가 늘 끼어서 손이 갈라진다. 우리는 늘 휘발유로 전투복을 세탁했다. 그러면 손이 하얗게 마른다. 휘발유가 손의 수분을 증발시키는 것 같다.

군대 생활 내내 기름과 사투를 벌이다 보니 나는 결심하게 된다. 군대 제대하고 직업을 가지면 기름 만지는 일을 하지 않을 것이라고 다짐했다. 군대에서 해온 일은 사회에서 다시 하기 싫은 것도 있지만 나는 손에 기름때가 묻어서 지워지지 않는 게 많이 싫었다. 그래서 택한 게 목수 일인 것 같다. 고등학교 시절 목형이란 실습 시간이 있어서 기본적으로 연장이나 목공기계 다루는 기본기는 있었다.

처음 주택 건설 현장 목수 일은 안산 상록수 일대였다 그때는 내가 29살쯤 건설 현장 초보 시절이었던 것 같다. 그때는 외부 비계를 낙엽송으로 설치하는 때였다. 그 시절에는 목수가 먹매김을 하고 외부 네 군데에 산승각이라는 목재로 매몰대라고 하는 기둥을 수직을 맞추어 세우면 거기에 맞춰 벽돌공이 벽돌을 쌓는다.

내부 또한 문 틀을 목수가 설치하고 나면 벽돌공이 벽체를 모두 싸서 내부 벽을 완성한다. 그런 다음 벽돌 작업이 끝나면 목수가 패널로 슬라브와 보 그리고 계단을 만든다. 그 당시에는 콘크리트 옹벽이 아닌 벽돌로 쌓은 벽체이다. 목수가 작업이 끝나면 철근공이 슬라브 철근을 설치하고 콘크리트 타설을 하게 된다.

그때가 1997년도쯤 된다. 콘크리트 공사가 끝나면 목수가 천정 인테리어 작업을 하고 빠지게 된다. 이때는 그렇게 작업을 하였다. 이때까지만 해도 목수가 현장에서 문틀을 제작하던 시절이었다.

일산 신도시와 주택 공사를 할 때는 외벽은 옹벽공사를 하였다. 조금은 선진화되었다. 이때는, 벽돌공이 내부 벽돌을 쌓고 나서 목수가 내외부 거푸집을 조립하고 슬라브 거푸집 조립을 하면서 주택의 형틀공사의 공사일이 늘어나기 시작한다. 외부는 콘크리트 옹벽블럭, 내부는 벽돌 시공이었다. 이쯤부터 목수 일이 많아짐에 따라 형틀 공사와 인테리어 공사가 분리되어 작업을 시작하게 하였다. 이후에 나는 한동안은 아파트 공사 현장의 전문 건설회사에서 일을 하게 되었다. 이때쯤부터 주택 현장에서 콘크리트 구조의 건설이 자리 잡게 되었다.

그러던 중 여러 가지 사정으로 안산 시화지구에서 주택 현장 골조 공사를 시작하게 되었다. 이때도 목수가 형틀 공사와 실내 내장 공사를 같이 하는 시기이다. 이때까지만 해도 공사 현장에서 감리 제도나 관리 제도가 허술했다. 그곳의 주택은 거의 원룸 건물이 많았다. 이때는 외부 건축선을 설계 사무실에서 그려오면 목수가 내부 구조를 알아서 먹매김을 하여 만들었던 시기이다. 물론 건축주하고 상의하고 목수가 먹매김하여 구조가 마음에 드는 대로 수정하여 작업을 하던 시기였다.

토지 한 필지 가격이 1억 이내였다. 나는 그때만 해도 일만 잘하는 기술자였다. 어느 사장님은 일만 하지 말고 땅을 하나 사서 집을 지으라고 하는 분도 있었다. 그 당시에는 그 말을 깊이 새겨듣지 않고 그냥 지나쳐 버린 것 같다.

2000년대 초반쯤일 것이다. 평택 안정리 부근의 주택 공사하던 때이다. 그곳 현장은 저렴한 토지를 매입해서 개발하여 원룸을 짓는 곳이다. 이곳 사장님은 수단이 있는 분이다. 토지를 평당 삼십만원에서 오십만원 이하로 매입해서 원룸을 지을 수 있는 필지를 개발하여 매매나 임대를 놓는 것이다. 원룸 건물 장사가 한참 잘되던 시절이었던 것 같다. 이분들은 대개 이렇게 토지 개발하여 대지로 형질 변경하여 임대주택으로 재탄생시키는 것이다. 이때는 이런 분들과 같이 공사를 많이 하였다. 이때쯤에는 설계 사무소 도면이 잘 그려져 나오기 시작하였다. 이 당시에도 감리 제도는 없었고 설계 사무소에서 모든 일을 다 처리하였다.

그리고 얼마 후 조치원의 행정도시 이전 얘기가 나올 때쯤이다. 상가주택 공사를 하였다. 그때는 종합건축을 하였다. 나는 목수 기술자이기도 하고 현장 경험이 많고 건축도면에 대한 표현에 능숙하고 건축법을 많이 알아서 사람들에게 건물을 잘 지었다는 말을 듣고 주택도 임대가 잘되었다. 그동안 해온 시공 능력을 바탕으로 멋지게 집을 지었다. 이곳은 2년 후에 매매가 되었다. 지방이라 관리하기가 좀 불편해서 매매를 하였던 것 같다. 그리고 군산 산북동의 건축 공사를 진행하고 그곳도 임대나 매매는 수월하게 끝난 것 같다. 여러 가지 주택에 대한 건축 기술을 지방부터 수도권까지 많이 보고 경험한 것 같다.

나는 이렇게 건축 공사를 열심히 하면서도 단독주택을 짓는다는 생각은 못하고 있었다. 공사 현장을 전전하며 사십대 중반이 되었다. 그때는 청라지구 공사를 하던 때인 것 같다. 나는 무주 공사 현장에서 공사 대금을 받지 못해서 재정 상태가 엉망이고 빚이 많은 시절이었다. 예전에 알던 철근 사장님의 소개로 청라에 사장님을 만나서 청라지구 단독주택을 짓고 있었다. 그때는 공사감리제도가 형성되어 공사 현장 규제가 많아지고 있었다. 이제는 설계도면 그대로 시공해야 된다. 바꾸려면 설계 변경이 필요해졌다.

그곳에서는 구체적으로 내 집 단독주택을 건축하는 꿈을 현실화시켜야 된다는 생각이 들었고 열심히 일만 해서는 진짜 힘든 악순환이 바뀌지 않을 것 같아서 돌파구를 찾아야 했다. 그래서 공인중개사 자격증을 취득해야겠다는 생각을 이때부터 현실화하기 시작하였다. 토지 시장에 내가 들어가야 내 땅을 가질 수 있는 기반이 될 것이라는 생각을 막연히 하게 되었다. 언제까지 남 좋은 일만 하고 살 수는 없는 일이다.

그때부터 돈을 받는 사람이 되기보다는 돈을 나눠주는 사람이 되어야 한다고 생각하기 시작했다. 이때부터 나의 단독주택의 꿈은 시작되었다. 진짜로 열심히 일해서 종잣돈을 빨리 마련해야겠다고 생각하고 나는 한 곳의 현장이라도 정성을 다해 일하고 자본 계획을 잘 세우고 일하려고 노력하면서 시간이 지나고 있었다.

공인중개사 자격증을 그때부터 삼 년 후에 취득했다. 그리고 나는 바로 공인중개사사무소를 개설했다. 나는 망설이지 않았다. 열심히 일만 하는 게 아니고 열심히 일해서 나만의 단독주택을 가져야겠다고 결심했기 때문이다. 그리고 부동산을 하면서 건축 공사도 열심히 하였다. 허황된 생각으로 부동산을 하다가 과오를 범하기 싫었다. 건축 공사와 부동산중개사 두 개의 직업을 가지게 된 것이다.

그러던 와중에 나는 향동지구의 단독부지를 매입해서 나만의 단독주택을 가질 수 있었다. 열심히 일만 하는 내가 아닌 열심히 일한 나는 단독주택을 가졌다.

3장

그림 같은
디자인을 설계하는
8가지 방법

01

내가 원하는
내 집은
어떤 집일까

어린 시절 시골집에서 앞마루에 앉아 마당에서 자치기하고 놀던 시절이 생각난다. 집 뒤에 돌아가면 토끼장과 닭들이 옹기종기 모여 평화로운 풍경이 있다. 그곳을 지나 뒤로 돌아가면 텃밭에 상추와 갖가지 야채들이 자라나고 있다. 지금은 시골을 상상하면 그저 편하고 한가롭다. 학교를 마치고 집에 와서 바닥에 엎드려 숙제를 하고 어느새 잠에 빠져든다. 나는 학교를 졸업하고 잠깐 집에서 쉬었다. 그때 책을 읽고 무한한 소설의 세계에 빠져서 편안하고 평화로운 시간을 가졌던 적이 있었다. 언제나 생각해봐도 시골은 편안하고 그리움의 대상이다.

나는 나만의 작업실과 편안하게 책을 읽을 수 있는 공간을 갖고 싶었다. 조용한 공간에서 여유롭게 책을 읽으면서 못다 한 하루 일과를 마무리하면서 깊은 명상에도 잠기고 싶었다. 그런 공간을 갖고 싶은 꿈은 어릴 적부터 있었던 것 같다.

꿈의 빔 프로젝트가 있는 우리 가족의 휴게공간도 필요하다. 옹기종기 모여서 스크린을 보면서 한 편의 영화를 즐기면서 평화롭고 즐거운 시간을 보내면 좋을 것 같았다. 영화관에서 보는 영화도 묘미가 있고 리얼하지만 내 가족 공간에서 식구들이 모여 보는 영화는 짜릿함과 행복한 시간을 만들어준다. 내 집 안에 나만의 공간과 가족과의 영화관을 꾸미는 것은 멋지고 행복한 일일 것이다.

내 아내는 자가면역질환인 베체트병을 가지고 있다. 이 년 전에 갑작스럽게 몸이 안 좋아서 인천 국제성모병원 응급실에 입원하여 뇌졸중 집중 치료실에서 한쪽 팔다리에 마비가 와서 치료를 받았다. 그때 삼일 정도 집중 치료를 받고 난 후에야 일반 병실에 들어갈 수 있었다. 나는 그곳 응급실에 들어갔을 때부터 밤이 될 때까지 말문이 닫혔다. 응급실에 도착해서 담당 의사 선생님이 아내의 팔다리를 점검하고는 너무 늦었다고 얘기를 하였다. 막막하였다. 늦었다고? 그때부터 나는 무슨 생각을 더 이상 할 수도 없었다.

그렇게 응급실에서 대기를 몇 시간 하다가 병실을 배정받았다. 머리 MRI 사진을 찍고 피 검사 등 각종 검사가 진행되었다. 그러다가 저녁 시간에 담당 주치의 선생님을 만났다. 그분은 뇌 염증이 있는지 확인을 위해 뇌척수 검사를 해보자고 하였다. 그러면서 조금 힘든 검사라고 하였다. 위험할 수 있다고도 하였다. 나는 뇌척수 검사를 해야 치료할 수 있냐고 물었다. 그리고 나는 스테로이드 치료를 먼저 시작하고 몸이 조금 회복되는 대로 뇌척수 검사를 그때 가서 해도 되겠냐고 물었다. 의사 선생님은 치료를 먼저 시작하고 조금 호전된 뒤에 뇌척수 검사를 해도 괜찮다고 하였다. 다행이었다.

응급실에서 늦었다는 소리를 들은 후 몇 시간 만에 반가운 소리였다. 나는 이제 조금은 마음의 안정을 찾았다. 사실 응급실에 들어가서 늦었다는 소리에 나는 더 이상 그 어떤 생각도 할 수 없었다. 그렇게 저녁 때까지 시간이 흘러서 왔던 것이다. 쉰 넘은 늦은 나이에 결혼해서 불과 몇 달 만에 겪는 대형 사건이었던 것이다.

이후 아내는 고강도 스테로이드 주사 덕분에 팔다리가 조금씩 움직이기 시작하였다. 스테로이드 주사를 맞고 며칠이 지나서 팔다리가 움직이고 몸을 일으켜 조금씩 걸을 수 있었다. 그 후에는 주사제 투입을 중단하고 먹는 스테로이드 약을 처방해주었다. 처음에는 그 알약을 30개 정도를 먹어야 했다. 아내는 고통스러워했다. 마비가 오면서 목에서 삼키는 연하 작용 또한 안 좋아져서 약을 삼키기가 힘들었던 것이다. 약을 안 먹으려는 아내와 약을 먹게 하려는 나는 말다툼을 많이 했다. 약을 안 먹겠다고 해서 나는 걱정이 이만저만이 아니었다. 환자인 아내도 괴로울 것이다. 약 삼십 알을 삼켜야 하니 말이다.

나는 매일 밤 퇴근해서 성모병원에서 아내를 간호하면서 지내고 있었다. 아내는 퇴근해서 병원에 오는 나를 빙긋이 웃으면서 맞아주었다. 아니면 내가 없으면 불안한가 보다. 아내의 식사를 챙겨주면서 아내는 입안이 쓴지 밥도 안 먹고 병원 밥을 싫어했다. 이렇게 2주 정도 병원에 입원해서 치료하고 아내와 나는 퇴원할 수 있었다. 이제는 아픈 아내를 위해서 무슨 일이든 해야 된다. 나는 아내에게 걱정 말라고 했다. 내가 어떻게든 병을 낫게 해주겠다고 다짐하면서 우는 아내를 안아주었다. 건강을 지켜주는 남편으로서 아내의 건강을 꼭 되찾아주리라 다짐하였다.

나는 김포 점포주택일을 마무리하고 건축 일이 조금 한가해 다른 일을 추진하기 위해 여러 곳을 지켜보고 있었다. 지인이 향동지구의 상가건물을 건축하는 일을 하는 곳에 방문하게 되었다. 나는 주변을 살펴보고 이곳 향동지구에 공인중개사사무소를 옮기기로 결정하고 상가임대차 계약을 하게 되었다. 그리고 그다음 해 1월에 향동에 공인중개사사무소를 이전

하였다. 공인중개사사무소 이름은 카이부동산공인중개사무소로 결정하였다.

나는 향동지구의 단독주택부지에 1층에 상가를 짓고 4층에 나와 아내가 살 주택을 건축하는 계획을 세웠다. 그리고 나는 바로 향동지구 코너에 있는 북향의 토지를 계약을 하였다. 나는 도로 쪽으로 전망이 뚫린 봉산 숲 뷰가 있는 곳에 주방과 거실을 배치해서 주방에서 답답함을 없애고 아내에게 뻥 뚫리는 숲 뷰의 시원한 주방과 거실을 만들어주고 싶었다. 안방은 주방에서 거실을 지나 안쪽에 두었다. 외부 손님이 들어와도 아내가 편안히 있을 수 있게 해주기 위해서였다.

아내는 신경이 예민해서 집에 들어오면 손을 씻는 것을 많이 신경 쓴다. 손을 씻으려면 보통은 화장실이나 주방으로 들어가 손을 씻을 수 있는 게 일반적인 집이다. 그래서 우리 집은 현관 중문을 열고 들어오면 건식 세면대가 있다. 집에 오는 손님들은 이곳에서 손을 씻어야 한다. 내 아내는 들어오시는 분이 손을 씻는 것을 신경 쓴다. 몸이 아파서 신경이 예민해서 그런 것이다. 물론 맞는 것이다. 밖에 나갔다 들어오면 손을 씻어야 외부의 오염물질을 닦아낼 수가 있는 것이다. 지금은 특히 코로나 시대로 더 열심히 손을 씻는다. 건식 세면대는 일부러 화장실이나 수도가 있는 곳에 찾아가지 않아도 되니 많이 편리한 것 같다. 시골에서 태어난 나는 깨끗하지 않은 물건을 만졌을 때와 손이 더러워졌을 때만 씻었던 것 같다. 아내는 서울 태생이라 그런지 손을 씻고 그런데 더 예민한 것 같다.

아내의 공간은 거실과 안방과 주방이다. 나는 아내의 건강을 위해서 거실 인테리어를 편백나무로 하기로 결정했다. 나는 아내의 건강이 가장 우선이었다. 인테리어를 목수 팀과 협의를 해서 시공하자고 하니까, 편백나무 시공은 너무 비용이 많이 나온다고 얘기한다. 돈이 많이 들고 일이 너무 많다고 얘기를 한다. 나는 이미 시공을 결정해놓고 의견만 물어본 것뿐이다. 나는 목수 기술자이기도 하기 때문에 목공 일은 직접 지휘하고 기술적인 작업 지시도 직접 한다. 나는 조금 생각해보았지만 아내 건강에 대한 돈은 아끼고 싶지 않았다.

그래서 나는 거실뿐만 아니라 작은방과 드레스룸을 빼고는 4층 전체를 편백나무로 하는 게 좋겠다고 생각하고 히노끼 무절 콤보 원목 편백나무로 시공했다. 물론 편백나무 인테리어는 고가이다. 히노키 콤비 무절은 원목이고 표면이 원목 그대로인 것이다. 은은한 편백나무 향이 기분을 시원하고 상쾌하게 만든다. 인테리어 효과뿐 아니라 편백나무 향이 그냥 있기만 해도 절로 건강해지는 기분이 들 정도이다. 나는 아내를 위한 것은 절대 물러서지 않는다.

이런 느낌이다. 현관 중문을 열고 들어오면 내 집에 방문한 손님들은 극찬을 아끼지 않는다. 들어오자마자 보이는 편백나무의 안락함과 따뜻함을 편백나무의 은은한 향기를 느끼고 멋진 인테리어는 보는 이들이 '와' 하는 소리를 내게 만든다. 나와 내 아내의 집의 거실 바닥은 이태리산 포세린타일 시공과 나머지 대부분의 벽면은 히노키 무절 콤보 루버로 시공되어 있다. 누구도 거부할 수 없는 인테리어이다.

주부의 공간인 주방은 벽면과 싱크대 상판 바닥과 조리대 바닥을 화이트 계열 대리석 재질로 고급화하여 만들어졌다. 주방가구의 빈티지한 느낌을 주는 인테리어로 고급스러움의 최고봉이다. 자화자찬해도 내부 인테리어는 괜찮은 집이다.

나와 아내의 집에 대한 만족감은 최고이다. 내가 원하는 인테리어와 주방가구를 장착하고 내가 원하는 나만의 공간을 배치하고 멋진 다락방에 스크린을 설치해서 큰 화면에서 우리 만의 영상 공간을 창출하였다. 세상에 둘도 없는 집은 내가 설계하고 내 아내가 좋아하는 집을 기획하고 디자인하여 최상의 만족도를 얻는 것이다.

나는 전기자동차를 구입했다. 나는 이곳 단독주택 1층 주차장에 전기차 충전기를 설치하고 충전을 하면서 그동안에 주유소에 들려 주유하던 번거로움이 사라졌다. 이제는 편한 전기차 시대가 되었다. 단독주택이기 때문에 이런 편리함을 느낄 수 있는 것이다. 아파트라면 개인 충전소가 가능하진 않을 것이다. 단독주택만이 누릴 수 있는 선물이다.

　나는 내가 원하는 집을 가졌다. 그럼 나의 단독주택에 대한 꿈은 완성된 것인가. 내가 원하는 집은 어떤 집일까? 지금의 나의 집은 내가 원하는 최고의 집이다. 시간이 지나면 더 좋은 것을 가지려 할지도 모르지만 지금은 나와 내 아내가 사는 지금 이집에서 가장 큰 행복감을 느끼고 산다.

전세금으로 살고 싶은 단독주택 짓기

02

천혜의
자연환경을
무시하지 말라

주택을 찾는 사람들은 조용하고 편안한 곳을 찾는다. 거기다가 주변 경관이 좋은 곳이면 최고일 것이다. 녹지의 숲 뷰가 거실 앞에 놓여 있고 한적한 곳이면 더욱 좋겠다. 도심 주변에 있으면 더더욱 좋을 것이다. 주택을 설계하거나 건축할 때는 남동향의 채광이 잘 들어오는 곳이면 금상첨화일 것이다. 변두리의 인적이 드문 곳의 단독주택이야 주변에 옆집이 없다면 마음대로 내가 원하는 방향으로 집을 배치해서 설계하고 지을 수 있다.

보통의 단독주택은 1층에 마당과 연결되는 거실이 있는 주택이다. 마당에는 연못이 하나쯤 있으면 좋을 것 같고 야채를 길러 먹을 수 있는 텃밭이 있으면 좋을 것 같다. 마당에는 정원수가 있어서 주택 안에서 공원을 갖고 싶은 마음도 있다. 마당은 푸른 잔디가 깔려 있으면 너무 좋을 것 같다. 이런 전원주택이 로망일 수도 있다. 처음에는 마냥 좋을 수 있을 것이다.

한두 해 지나 살다 보면 잔디들이 자라면 잔디도 깎아줘야 한다. 잔디를 손수 깎다 보면 허리도 아프고 몸이 천근만근이다. 텃밭에 야채는 처음에는 좋을지 모르지만 나중에 살다 보면 너무 많이 심어서 다 먹지도 못하고 버리거나 주변 사람들에게 나눠줘야 한다. 텃밭의 농작물과 야채를 나눠주려고 보면 멀리 있는 지인들에게까지 기름값을 들여 날라다 줘야 한다. 마당에 정원수는 잘 바꿔줘야 제대로 멋진 정원이 될 것이다. 정원에 있는 나무들을 가꾸는 일이 취미거나 즐거운 일이 아니면 고단한 일이 될 것이다.

가끔 볼 일이 있어서 생필품을 사러 가거나 할 때는 시간을 들여서 가까운 도시의 시설이나 마트를 찾아나서야 한다. 은퇴하지 않은 직업을 가진 분들은 도심의 직장까지 출퇴근하는 시간들을 보내야만 한다.

전원의 단독주택이라는 것이 낭만만 있는 것은 아니다. 처음에는 새로운 맛에 즐겁게 산다. 가끔 지인들이 오면 바비큐 파티 같은 준비를 해줘야 하는 수고가 곁들여진다. 처음 몇 번은 즐겁지만 나중에는 파티 준비가 귀찮은 일이 되어버리기도 한다. 전원의 단독주택은 낭만과 관리를 해야 하는 힘듦이 같이 공존하는 것이다. 그러면 도심의 단독주택은 어떤가.

전원의 단독주택은 방향이 남향인지 확인하고 겨울에 따뜻하고 여름에 시원한 정남향을 택하면 될 것이다. 물론 건물 방향에 산의 절벽이나 높은 축대 같은 게 없을 때를 말하는 것이다. 자연환경이야 전원의 단독주택은 좋은 곳을 찾아 짓는 것이기에 더 말할 필요는 없을 것 같다. 그럼 도심의 단독주택부지 건물을 지을 때 방향은 어디에 두어야 할까.

나는 향동지구 토지의 설계를 시작하였다. 토지의 위치와 방향은 인접 토지의 토지 이용 가능성을 고려하여 가설계 작업을 진행하였다. 내 토지는 코너에 위치해 있었다. 동쪽으로 인접 대지는 도로 건너편에 있고 북쪽으로 인접 대지는 도로를 사이에 두고 그린벨트 녹지가 있었다. 그리고 남쪽과 서쪽에는 인접 대지가 붙어 있는 땅이었다. 건물의 거실 방향은 원칙적으로 인접 대지가 있는 남쪽에 두면 채광이 좋을 듯싶으나 2~3층 세대는 인접 토지에 건물이 지어질 경우에는 절벽 구조가 되어 답답함을 줄 것으로 예상된다.

나는 천혜의 자연환경을 이용하여 주택 설계를 하기로 정하였다. 거실 뷰를 녹지가 있는 북쪽 방향으로 두기로 정하고 세입세대 구성을 먼저 구성하기로 정하고 2층 세대 구조를 먼저 정해주고 4층 주인 세대는 거기에 맞추어 배치하기로 하였다.

처음에는 투룸 하나에 쓰리룸 하나를 구성하는 설계 구조에 맞춰 도면을 그려보기로 하였다. 계단 위치를 바꿔서 그려보고 맞춰보았다. 거실과 주방의 위치를 옮겨가며 설계도면을 그리기를 여러 번 반복하여 해보았다. 아무리 생각해봐도 그저 그런 일반적인 구조의 딱히 마음에 드는 구간이 나오지는 않았다.

주택의 경쟁력을 생각하면 구조를 그저 그런 일반적인 구조를 하고 싶지는 않았다. 곰곰이 생각하다가 주변 아파트 24평 구조를 한쪽 세대로 하고 한쪽은 1.5룸으로 설계하는 구상으로 선회를 하였다. 그랬더니 주방 거실의 구조도 무난한 그림이 되었다. 그리고 덤으로 소형 테라스도 만들어졌다. 옆에 1.5룸의 구조도 양호하게 나왔다. 나는 쓰리룸에 맞춰 도면을 그리기로 하고 2~3층 평면구조를 맞춰놨다.

임대 세대 거실 방향도 녹지 숲 쪽으로 두는 것은 당연한 것이었다. 사실 지금 창호의 품질은 예전처럼 창을 북쪽에 두면 춥다거나 난방이 안 좋다거나 그런 건 절대 아니다. 나는 창호는 가능한 좋은 것을 써야 한다는 생각이기 때문에 창호는 LG 베스트 쓰리 제품을 선택했다.

건물을 한 번 건축하면 바꿀 수 없는 것이 창호와 기초와 골조 부분이다. 창호는 대대적인 공사를 하면 불가능한 일은 아니지만 지금의 단열과 기밀시공이 이루어진 시대에는 교체한다면 하자와 연결되는 부분이 될 수 있으므로 가능한 우수한 창호를 선택하는 것이 맞다고 생각한다. 물론 비용 차이도 있다. 하지만 집은 한 번 지으면 쉽게 바꿀 수가 없다.

건축 비용만 생각하다 저가 공사를 하는 건설업체에 공사를 맡기게 되면 몇 년 후에 매도 시기에 가서 후회하는 경향도 있을 수 있다. 내가 임대 세대를 1.5룸과 쓰리룸 배치를 한 데는 다른 이유도 있다. 장기적으로 임대 가능성이다. 현재 향동지구의 1.5룸은 귀하다. 그럼 절대 공실 없는 임대 보장이라고 본다.

쓰리룸은 주변 아파트 면적으로 맞추고 거주 만족도를 높여 임대 우수성을 보장받기 위함이다. 사실 비수기에도 임대가 신속히 나갈 수 있기 위함이다. 구조도 우수하지만 천혜의 자연환경 때문에 1.5룸과 쓰리룸 거실에서도 사계절의 변화를 자연의 오묘함을 집 안에서도 느낄 수 있다.

다음은 4층 내가 거주하는 단독세대 구성이 문제였다. 4층도 일단 거실과 안방을 녹지 숲뷰 쪽으로 두고 설계를 하기 시작하였다. 그랬더니 주방 위치가 너무 안 좋았다.

그래서 주방에 편리하고 안정적인 동선을 두는 것에 주안점을 두고 다시 설계를 시작하였다. 거실과 주방을 녹지 뷰 쪽으로 방향을 정하고 거실과 주방의 위치를 바꿔가면서 재배치를 여러 번 수정 보완하여 4층 구조를 만들었다.

거실은 와이드 창으로 탁 트인 시야가 보는 이들로 하여금 탄성을 절로 나게 하는 뷰가 눈앞에 보인다. 주방 또한 창문이 설치되어 주방에서도 녹지 뷰를 볼 수 있다. 거기에 빈티지하고 깨끗한 싱크 주방 디자인으로 만족감을 더해준다. 4층도 코너 위치에 테라스가 있다.

천혜의 자연환경의 뷰가 있는 거실에 나는 건강한 주거 환경을 위해 4층 거의 대부분의 벽체에 히노끼 무절 편백나무 원목 시공으로 은은한 편백향이 절로 건강해질 것 같은 마음까지 든다.

북향의 자연환경 뷰와 여름에 시원하고 겨울에 또한 단열 난방 효과로 따뜻하게 살아가고 있다. 자연환경 공간은 햇빛이 하루 종일도 있다. 자

연환경 뷰에 햇볕을 시각적으로 볼 수 있으므로 북쪽이라는 느낌은 거의
없다.

　　이렇게 천혜의 봉산의 자연환경 뷰를 내 아내와 나는 매일매일 한 폭
의 수채화를 보면서 마음의 평온을 맛본다. 또한 천혜의 자연환경은 나
와 내 아내와 방문해주는 모든 지인들에게도 행복감을 나누어준다.

건축설계사 VS 건축시공자,
누가 더
중요할까

내가 살 주택을 짓기 위해서는 먼저 내가 원하는 지역을 선택하는 것이 중요하다. 거주를 염두에 두고 시작하는 것이면 더욱이 교통, 주변 상권 등이 내 생활권에 맞는 지역을 찾아야 한다. 내가 원하는 지역을 선택했다면 내가 만족도를 높일 수 있는 토지를 물색해야 한다. 내가 원하는 건축을 할 수 있는 토지의 양은 제한적이라고 볼 수 있다.

토지를 찾아서 매입한 후에는 건축을 위한 사전적인 작업이 필요하다. 토지를 취득하고 등기를 하여야 한다. 건축을 위해서는 가장 먼저 토지에 맞는 설계 작업이 필요하다.

건축가라고 불리고 있는 건축설계사 역할에 대해서 조금 얘기해보자. 먼저 건축사 자격증을 취득하기 위해서는 건축설계사 사무소에 일정 기간 근무하는 요건이 필요하다. 건축 현장 실무가 없어도 건축사 시험에 응시할 수 있다고 보는 것이 맞다. 어떻게 보면 건축설계사는 공사 현장 기술을 익히지 않아도 충분히 응시할 수 있고 그 시험에 합격하면 설계 사무소를 개업할 수 있다. 다시 말하면 건물을 지을 수 있는 기술이 없어도 설계를 할 수 있는 것이다.

건축가라고 불리는 건축사의 일을 한번 보도록 하자. 건축설계 사무소 일을 한번 알아보도록 하자. 건축설계사 일은 단독주택을 얘기하는 입장에서 본다면 현장 지번을 받고 지번에 맞는 가설계도면이라는 것을 건축주나 건축 실무 기술자에게 보내온다. 여기에서는 건축 실무 기술자를 건축업자라고 부르자. 사실상 건축업자는 종합건설회사 대표라고 보면 된다. 지금은 육십 평 이상의 건물은 모두 종합건설업 면허가 있는 회사가 지어야 한다. 사실상 전원주택 규모의 소형 주택이 아니면 모든 주택이 종합건설업 면허가 있어야 된다고 보면 된다.

건축설계사에게 건축주가 실제 설계 사무소와 상담을 받고 설계 의뢰를 했다고 하자. 택지지구 설계도면이라고도 해보자. 설계를 해서 이렇게 가도면을 그려주고 나서 건축설계사와 두 번째 협의를 본다고 할 수 있다. 건축설계사는 이 번지는 건폐율 60%이고, 용적률 180%라고 하면서 1층에 상가를 넣을 수 있고, 2~4층까지는 다섯 가구가 가능하다고 얘기를 한다. 그다음 건축사와 허가 전 설계도면으로 협의를 보고 이렇게 하면 되겠냐고 서로 얘기를 한다. 대부분의 건축주들은 설계사에게 알아서 잘 그려달라고 얘기를 한다. 조금 경험이 있는 분들은 주방, 화장실 외부에 창문이 있게 해달라고 한다거나 안방을 크게 해달라고 하거나 나는 거실이 넓었으면 좋겠다고 자기 의사를 전달한다. 이렇게 본 도면을 그리기 시작한다.

대부분의 건축주는 도면을 보고 방 크기나 구조를 가늠하기 힘들다. 도면을 보고 방의 크기나 구조, 정확한 건물의 방향을 알 수 있는 건축주라면 그분은 건축주 중에 상급에 해당하는 사람이다. 이런 분들은 굳이 걱정할 필요 없는 사람이다. 이런 건축주들은 나름대로 노하우나 자기 개성을 이미 갖은 사람들이다. 초보 건축주들은 설계사 역할이 중요하다고 볼 수 있다.

건축설계도면이 주택에 거주할 때 동선이나 설계상의 표현들이 실거주자들의 트렌드에 맞게 설계되어야 한다. 만약 실거주가 곤란한 설계도라면 문제가 될 수 있다. 물론 그 도면대로 표현하여 집을 지었다고 하여 사람들이 살 수 없는 것은 아니다. 또 거기에 맞는 세입자가 들어갈 수도 있다. 문제는 임대 문제가 생길 수 있다는 것이다. 건축주가 도면을 보고 검토를 할 수 없기 때문이다.

대부분의 건축주는 건축설계사가 설명하면 고개를 끄덕이기 마련이다. 건축설계사가 전문인이기 때문에 초보 건축주는 그 설명이 맞다고 처음부터 인지하고 그 설명을 들어버리기 때문에 건축설계사 말을 신뢰를 하는 것이다. 초보 건축주들은 건축설계사가 건축가라는 일부의 책들이나 표현들 때문에 건축 전문가라고 생각하고 있기 때문이다. 건축설계사는 도면에 대한 설계나 감리 업무를 하는 것이지 현장에서 건물을 짓는 사람들이 아니다. 실제 현장에서 건축을 해본 적이 없는 사람들이 대부분이다. 왜냐면 건축설계사는 도면을 그리는 전문인이기 때문이다. 또한 그들이 설계의 전문가임은 틀림이 없는 사실이다. 실제로 건물을 짓는 전문가는 건축업자들이다. 건축설계사는 건축물을 스케치하여서 도면으로 그려내는 사람들이고, 그 도면을 가지고 건물을 짓는 것은 건축 실무 기술자들이다. 건축업자들이 건축 실무 기술자들이다.

건축설계도면의 문제는 신뢰 문제가 아닌 재산권 행사에 장애가 되기도 한다. 앞에서 거론했듯이 임대가 잘 안 나가고 구조상의 생활 편의성이나 주부들의 동선이 힘들어지는 경우가 되는 설계가 될 수 있기 때문이다. 물론 임대야 다른 집보다 저렴하게 세를 놓으면 안 나가지는 않을 것이다. 그러나 대부분의 건축주들은 자기 집은 잘 지어진 줄로만 알고 세를 깎아주지 않기 때문에 임대가 늦어지는 것이다.

건축주들은 임대가 안 나가는 이유가 부동산에서 자기 집을 안 보여주기 때문이거나 임차인들이 잘 안 오기 때문이라고 생각하기에 임대가 늦게 나간다고만 생각하면서 빨리 안 나간다고 걱정만 하게 된다. 그래도 조금 아는 건축주들은 골조 공사 끝나고 실내 공사가 일부 끝나면 자기 집의 문제점을 아는 분들도 있다. 이 정도 되는 건축주들은 그래도 사태 파악을 준공 전에라도 할 수 있는 사람들이니 조금은 대책을 가질 수도 있다. 이런 문제가 왜 생기느냐고 반문하시는 분들이 있다. 하지만 이런 일들은 많이 있다.

건축설계사들이 실무로 감리 경력이 있다고 할 수도 있지만 사실상 현재 종합건설업 면허를 취득해서 건축 시공을 하는 건축설계사들이라면 그래도 현 세대 트렌드를 이해해서 도면을 그릴 수 있을 것이다. 하지만 현재 건축 실무 시공을 하지 않는다면 사실상 시공을 모른다고 볼 수 있다. 여기서 의문이 생길 수도 있을 것이다. 앞에서 언급했듯이 건축설계사를 건축가라고 하고, 시중에 나온 책들에서나 전문 서적에서도 건축설계사를 건축가라고 명명한다.

나는 건축가를 나름대로 이렇게 정리해보겠다. 도면 설계를 하는 건축가를 건축설계사, 도면을 표현하는 건축가를 건축 실무 기술자인 건축업자, 설계도면으로 표현할 건축물의 시공을 의뢰하는 건물주인 건축가로 구분하여 볼 수 있다. 건축가라고 하여 건축 시공이나 도면을 그릴 필요는 없다고 본다. 건축물의 수집에 관심 있는 일반 건축주들도 건축가라고 볼 수 있기 때문이다. 건축물 수집이란 말에 의아한 분들도 있겠지만 현재 트렌드는, 다양한 건축물을 소유하고 있는 지금의 부동산 과도기 시대에는 투기꾼으로 몰리고 있는 건축물 수집가들도 건축가라고 본다. 나는 그분들을 건축물 수집가라고 하고 싶다. 지금 시대는 그런 분들이 많으니까.

건축가 중 도면을 설계하는 건축설계사인 건축가는 도면을 선 모형으로 그리는 사람이다. 건축설계사는 실제 건축 시공을 안 하는 사람이 거의 대부분이다. 건축설계사의 주 업무는 건축물을 설계하여 도면화하여 허가도서를 만드는 업무와 설계된 건축물을 도면에 설계된 대로 건축선에 맞추어 시공되는지 확인하는 감리 업무를 주로 한다. 감리는 주로 구조 부분에 대부분 치중된다. 철근 배근이나 도면에 표기된 수량이나 간격이 제대로 유지되는지 유무와 콘크리트 강도가 맞는 레미콘을 사용하는지가 주로 하는 업무이다. 물론 건축물이 건축선에 맞게 시공되는지, 내부는 도면에 맞게 면적이나 기준선이 맞게 시공되는지, 건축 자재는 건축 기준에 맞는 자재인지 확인하는 것도 그들의 업무이다.

건축설계사들이 건축 시공에 대한 전문 지식이나 기술 능력을 갖출 수 있는 기회는 사실상 건축설계사 업무 과정에서는 가질 수 없다고 본다. 건축설계사는 건축도면을 그리는 과정에서 건축법과 건축선을 잘 아는 건축가라고 보면 된다. 쉽게 얘기하면 건축설계사는 건축법규에 나오는 법률을 잘하는 건축설계 기술자라고 보면 된다. 맞는 표현인지는 모르지만 건축설계사는 건축 실무 기술자보다는 도면을 법률에 맞게 그리는 사람이라고 보면 좋을 것 같다. 한편으로는 건축설계사들도 종합건설업면허를 가지고 시공을 하는 건축 기술자인 사람들도 많다.

사실상 건축설계사가 그린 그림을 가지고 충분한 검토를 하지 않고 시공을 하였을 때 문제는 그 누구의 책임도 구분할 수 없다. 건축설계사는, 건축도면을 법률에 맞게 그려낸 것이고 건물주는 그 도면을 승인한 것이나 마찬가지다. 그 도면에 대한 지식이 있고 없고를 떠나서 묵시적으로 인정한 것이다. 건축주가 설계 사무소에 의뢰한 도면을 가지고 시중 건설회사에 건축 의뢰하면 그들은 그 도면을 보고 금액을 정하고 아무런 문제를 인지하지 않고 시공을 하게 되는 것이다. 말 그대로 도면대로 건축하는 것이다. 종합건설회사는 나중에 문제 제기하면 모두 다 도면대로 했으니 문제가 없다고 하게 된다. 여기서 건축주들은 그들에게 뭐라고 얘기할 수 있을까. 맞는 말이 아닌가. 건축주가 제시한 도면대로 착공을 해서 시공을 하였으니 문제가 사실은 없는 것이다. 이쯤 되면 건축주들은 체념을 하게 되는 것이다.

건물에 입주를 계획하고 건축을 하는 건축주들도 있다. 건물 완성 후 입주를 포기하는 건축주들도 있다. 이런 경우는 사실 생각보다 많다. 여기서 중요한 게 생기게 된다. 건축 시공 기술자인 건축업자의 역할이 필요하게 된 것이다. 건축 시공 기술자인 건축업자에 대한 시중의 평가는 매우 좋지 않다. 건물을 지으면서 마음고생을 하는 것보다 지어진 건물을 매입하는 게 좋겠다고 말하는 사람들도 많이 본다. 건물을 짓고 십 년은 늙었다고 하는 사람들도 있다. 나는 실제 건축 기술자이면서 공인중개사여서 실제 이런 분들의 건물을 많이 본다. 사실 건물이 마무리가 제대로 안 되어 응급처치가 된 건물도 전문가 눈으로 많이 보게 된다. 이런 건축주들을 보면 마음이 안 좋다. 이런 분들이 대부분은 건물을 잘 지으려고 시공사를 여기저기 알아보고 소개를 받을 때 좋은 시공사라고 지인들이나 근처 부동산의 소개로 공사하는 분들이 우연인지 몰라도 거의 그렇다.

이제 건축 시공 기술자인 종합건설의 역할을 보자. 여기서 종합건설의 역할은 건설업체의 대표자 역할이라 보면 좋을 것 같다. 왜냐면 주택 시공회사 현장소장 역할은 대부분 그 현장에 국한된 경우가 대부분이다. 실제 실력이나 시공 능력이나 도면 이해도가 높은 소장들은 주택 현장에 오래 근무하지 못한다. 기술자의 대우에 비해 대표자의 요구가 많아지는 경우가 생기고 소장들도 사실은 돈벌이가 되는 곳을 찾게 되는 게 사실이다. 지금은 대략 육십 평 이상 건축물은 종합건설면허를 가진 업자가 공사할 수 있어서 소장들의 입지가 좁아지긴 하였다. 사실상 소규모 단독주택 외에는 종합건설업면허가 있어야 공사할 수 있다. 나도 종합건설업면허가 의무사항이 되어서 종합건설면허를 갖춘 건설회사인 주식회사 주하종합건설하우징을 설립했다.

건축시공사가 주가 되어 주택 건물을 건축할 경우에는 시공사가 건축설계사에게 계획도면을 의뢰하게 된다. 그러면 건축설계사가 계획도면을 그려서 건축 시공 기술자에게 보내온다. 건축 시공 기술자는 계획도면을 검토하고 주방 수납이나 현관 배치, 화장실의 환기 및 기타 사항 전반에 대한 검토를 하고 투룸을 넣을 것인지 쓰리룸을 넣을 것인지와 주인 세대의 기본적인 배치를 검토하고 스케치하여 다시 설계 사무소로 도면 수정을 요구한다. 그다음 설계의 1차 수정 도면이 오면 건축주에게 연락하여 미팅 계획을 잡는다. 1차 건축주 미팅에서 4층 주인 세대에 대한 요구사항과 주부의 주방 사용에 불편한 점, 하루 일과 등을 점검하여 주부의 동선과 계획을 잡고 가족 구성원과 자녀의 성격 취향 등 요구사항을 취합하고 고려하여 방 배치, 욕실, 다락층 활용 계획 등을 잡게 된다. 이렇게 2차, 3차 수시로 미팅을 하여 의견을 수렴한다. 일련의 과정을 거치려면 첫 번째 공사 금액에 대한 대략적인 논의가 사전에 있어야 하고 건축시공의 가계약 정도는 되어야 이런 과정을 거치게 된다.

이런 과정을 진행하려면 수많은 건물을 실무 현장에서 실제 크기로 먹매김을 해보고 건물을 조립해보고 하는 실무 시공 능력과 도면을 머릿속에 시뮬레이션 할 수 있는 기술 능력이 있어야 가능하다. 의뢰인인 건축주가 제시한 조건을 나는 들어가면서 머릿속에서 입체화하여 표현해보는 능력이 있다. 머릿속에서 상상에 의한 시뮬레이션이라고 보면 될 것 같다.

나는 목공 기능을 가지고 있고 형틀 공사와 인테리어 현장 기능공 경력이 있어 못 박는 방식과 천장의 목재 간격이 얼마가 돼야 하는지 현장 자재 사이즈 등 모든 것을 알기 때문이다. 실제 내가 인테리어 목공 작업을 할 수 있다. 물론 형틀 기능공 작업도 실제 할 수 있다. 나는 모든 현장 기능공과 일대일 소통도 가능하고 기능공이 나에게 작업 방식에 대한 질문이 와도 즉석에서 답을 해줄 수 있다. 실제 시공 기능 능력을 가지고 있어서 건축 공사비도 도면을 한 번씩 보면 가늠할 수 있다. 물론 그동안 시공한 공사에서 실행 금액이 머릿속에 기억되어 있기 때문이다.

나는 앞에서 얘기했듯이 공인중개사 자격을 가지고 실제 공인중개사 사무소를 운영하기도 한다. 실제 세입자의 눈과 건축주의 입장에서 많이 보았고 수많은 하자 시공 건설사와 건축주들과 이해 충돌 내용을 가장 가까운 데서 보아온 사람이기도 하다.

실제 건축 기능공 능력과 건축시공 기능이 있고 공인중개사 자격이 있는 건축업자인 나와같은 종합건설회사 대표를 만나기는 하늘의 별 따기다. 왜냐하면 존재하기 쉬운 캐릭터가 아니기 때문이다. 나는 어린 시절 가구 공장에서 교회 가구 만드는 기능을 익혀서 실내 인테리어에 최고 기술자이다. 실내 목공 인테리어 가구 기능공은 어느 기능공보다 기술이 뛰어나다. 그리고 문짝, 문틀을 제작하기도 했다. 그리고 격자문의 원조 조선문도 제작했다. 그리고 건축의 꽃인 형틀 목공 기능도 있다. 속된 용어로 목수 오야지, 대목수 경력이 화려하다.

그리고 기능공 출신의 건축업자, 그것도 모든 건축 기술의 대장인 대목 출신이다. 이런 캐릭터가 만나기 어렵냐고 반문하시는 분들도 있을 수 있다. 곤충이라는 게 아는 사람 아니다. 건설현장이라는게 조금 아는 사람은 아수라판이라고 한다. 생판 현장경험도없는 무자격자도 기술자라고 행색을 하는경우도 많이 있다. 속된 말로 사기꾼들의 천국이었던 시절도 오래 되지 않았다. 사실 그래도 요즘은 돈 사기는 적다. 기술자 사칭 사기가 좀 많은 게 요즘은 현실이다. 형틀 목공이나 현장 노동자들은 솔직히 음주를 많이 한다. 실제 내가 현장 기능을 해봐서 안다. 육체적으로 많이 힘들다. 현장에 나가 노동 일을 하면 몸이 만신창이가 된다. 그래서 그분들이 매일 술을 마시는 원인이기도 하다. 지금 업그레이드된 나는 그분들이 안쓰럽다. 현장 기능공으로 일하던 내가 공인중개사 자격을 취득했다고 하니 예전에 청라지구에서 만난 사장님은 정말 대단하다고 말씀하셨다. 연신 주변 지인들에게 목수 사장님이셨던 분이 공인중개사라고 하면서 대단하시다고 한다.

사실 건축 일을 하는 노동자는 공부라는 건 상상하기 힘들다. 사실 돈 잘 나오는 현장을 만나는 게 예전에는 힘들었다. 이분들의 현실적인 소원은 돈 잘 나오는 현장에서 안정적인 일을 하는 것이다. 현실이 이렇다. 난 공인중개사로서 세입자 및 건축주들의 생각과 가치를 보고 있다. 또한 기능공으로서 어떻게 만들어야 하는지도 안다. 건축 대목으로서, 건축법에 실무 경험이 많고 수많은 지자체의 설계도면을 보고 시공을 해서 시공 능력이 어마무시하다. 내가 아는 건축 지식은 이론에 의해 만들어진 지식과 실무 경험을 통해 체득한 지식이 기반이다. 그를 바탕으로 개인 건축업자 경험이 있고, 지금은 종합건설면허가 있는 주하종합건설하우징의 대표자이며 카이부동산공인중개사사무소 대표 공인중개사이다. 이 정도 캐릭터는 만나볼 수 없다.

 기능공 출신이고 공인중개사인 건축업자는 솔직히 이윤 추구보단 자기의 성취 욕구를 더 원한다. 그래서 건축주 만족도와 임대 만족도를 이윤 추구보다 더 중요시한다. 여기에서 건축 시공 기술자인 종합건설 대표 역할은 설계사가 추구하지 못하는 현장의 실제 트렌드에 맞는 건축물을 실현하기 위한 도면의 표현 능력과 설계도면의 동선을 잘 파악하여 건축주가 편안하고 안정적으로 주거 만족도를 최고로 누릴 수 있게 하는 것이라고 본다. 나는 최소한 전 재산을 투자하는 큰 사업인 만큼 건축 시공을 의뢰하는 건축주를 위해 건축 지식과 표현 능력을 극대화하여 건축물을 보고 기뻐하는 모습을 보고 싶은 건축 시공인이다. 누구나 내 집을 보고 즐겁고 기쁜 마음으로 살아가야 한다.

시공을 위한
디자인 설계가
꼭 필요한 이유

우리가 건축을 위해서 하는 일이 무엇일까. 토지를 매입하고 시공사를 선정하려고 하다가 설계가 필요하다는 사실을 알고 설계 사무소를 주변에 물색하여 설계 사무소에 찾아가게 된다. 설계도면이 완성되면 그 도면으로 공사비 견적을 받고 시공사와 시공하는 그런 시스템이 대부분이다. 물론 조금 경험이 계신 분들은 설계 사무소나 시공사에 요청하여 필요한 부분을 수정 요구도 한다. 그러나 실제 완성도를 예견하기에는 부족한 면이 있다. 한 번쯤 공사 경험이 있어 시공사와 분쟁이 있었던 분들은 조금 고가 설계비를 요구하는 설계 사무소에 의뢰하여 외장과 창호 스펙, 내장공사 스펙을 그려서 가져오는 건축주들도 있다.

　경험이 많은 설계 사무소에서는 건축주 입장에서 충분한 시간을 갖고 도면 변경을 해서 다시 건축주의 의견을 듣고 건축주에게 도면의 주요 내용을 이해시켜서 인지할 수 있게 하여 설계도서를 완성해서 스펙 도면을 첨부한 디자인을 완성한다면 당연히 최고 설계도면이 될 수도 있다. 건축설계 사무소들도 인테리어 지식을 갖고 설계도면을 잘 그려주는 설계 사무소가 있는 건 사실이다. 그렇지만 만만치 않은 설계 비용을 치뤄야 한다. 이러한 설계 사무소는 대부분 건축주 의견도 많이 반영하지만 자기들만의 가치를 인정해주어야만 설계를 해준다. 다소 건축주 의사가 반영되지 않은 설계도를 받는 경우도 있다. 물론 안정적인 설계도면이 나올 가능성도 높다. 건축주들이 설계비를 비교해서 고가 설계를 선택하는 경우는 과거에 시공사와 스펙 관련 다툼 경험이 있는 경우가 아니면 건축주가 선택하기 힘든 가격이다.

　나는 시공인으로서, 주하종합건설 하우징 대표로서 설계도면 완성 과정에서 평면 설계와 실내 인테리어 설계의 색채 표현과 외장 디자인은 시공 기술자의 눈으로 표현해보는 게 맞다고 본다. 실제 평면 설계에서 평면 구성을 하는 과정을 거치면서 건축주와 좀 많이 친밀해지고 믿음이 쌓여간다. 실제 삶의 모습을 평면도로 설명을 듣는 과정으로 거주 동선의 중요성을 이해하게 된다. 이렇게 설계 과정에 대한 설명을 듣고 이해했을 때 건축주 자신의 건물에 대한 모습을 인지하게 된다.

　다음은 인테리어 및 외장과 창호 표현 방식의 설계 구성이다. 이를 두고 인테리어 설계라 한다. 나는 평면 설계를 결정지으면 건축설계 사무소에 본 설계를 진행하라고 한다. 이들은 평면도면이 확정되면 허가 도서를 만들기 시작한다. 나는 이때 입면도가 완성되면 허가접수전에 도면 협의를 한번 더 보고 허가 접수하라고 사전에 통보한다. 대부분 설계 사무소는 건축 허가 승인 전에는 도면을 유출하는 것을 꺼려한다. 왜냐하면 도면 유출이 되서 도면 수정을 요구하게 되면 기존 도면을 다시 그리게 되는 상황이 올 수도 있기 때문이다. 또 하나는 결정된 도면에 다른 표현을 요구하게 되면 건축 허가 담당자의 상황에 따라 허가를 내는 데 불편한 경우가 생기기 때문이기도 하다.

　건축설계 사무소는 도면이 결정되어 실제 허가도면이 그려지기 시작하면 건축 허가가 완료되기 전에는 설계도면 공개를 꺼려한다. 그래서 나는 건축허가 들어가기 전에 반드시 설계도면 협의 후 허가 접수 들어갈 것을 간곡히 요청한다. 사실상 상층부를 고치려면 1~2층 도면 구조가 반영돼야 하는 경우가 많다. 지금은 내진설계 구조로 설계하기 때문에 그럴 가능성이 높다.

건축허가 접수 전에 도면 외주 보내는 과정이 설계 사무소 업무이다. 이때 건축 구조과 소방 설비, 전기 설계가 반영되어야 건축 허가를 접수할 수 있기 때문이다. 그래서 나는 외주 보내기 전에 구조 도면 검토를 먼저 한다. 구조 검토를 하지 않으면 건축 공사할 때 문제시될 수도 있다. 배수설비 배관으로 인해 1층 상가가 낮아지는 경우도 있고 필요 이상으로 보(윗부분의 무게를 지탱하는 수평구조재)가 커져서 1층 천정고가 낮아지는 경우도 있다. 구조 설계가 완성되기 전에 평면의 변경이 이루어져야 하기 때문이다.

사실 건축주의 요구 사항을 듣다 보면 건축주가 나중에 새로운 사실을 얘기하는 경우도 있다. 그래서 허가 접수 전에 설계도면 요구를 자주 하게 된다. 이런 요구도 정확히 시공을 알고 설계 사무소와 인허가 관청 처리 상황을 제대로 이해해야만 이런 점검이 가능하다. 정확한 사실을 모르는 시공사에서는 불가능하다. 사실 설계도면에는 별로 관심이 없는 시공사도 많다.

시공을 위한 디자인 설계가 단순히 건물을 호텔화하고 카페화하는 디자인을 하는 과정이 아니라는 것을 건축들이 알 필요가 있다. 시공 전 디자인 동선 설계의 목적은 주거 건물의 편의성과 거주 만족도를 높이기 위함이고 향후 세대 교체 시기에 임대 가능성을 걱정하지 않게 하기 위함이다. 주거 목적인 주택은 주거에 맞는 건물을 짓는 것이다. 카페와 같은 건물을, 호텔 같은 건물을 짓는 것이 아니다. 물론 카페나 호텔 같은 분위기가 주거에 필요한 경우에는 응용하여 접목하는 것도 인테리어 과정이기도 하다. 물론 예쁘고 세련된 건물을 짓는 목적이기도 하다.

시공 전 건물의 동선이나 내부 스펙을 구성하는 것은 무작위로 시공사나 건축주가 좋아하는 색채를 골라서 시공했을 때 건물의 부조화가 되는 것을 막고 시공하여 표현한 실내의 색채의 조화를 이루고 향후 다급하게 선정한 자재의 시공 시 부적합한 자재로 인한 하자 발생 확률을 없애기 위함이다. 건축주 취향을 사전에 파악하고 잘못된 주거 동선을 바로잡아줌으로써 편하고 안정적인 구조를 평면화, 입체화하고 거부감이 있는 표현을 없애기 위한 것이다. 전체적인 세대의 구조를 최적화하고 멋스럽게 꾸미기 위해서 하는 사전 작업이다.

외장 디자인을 사전에 입체화하여 외장이 건축주 생각에 맞는지 확인하고 주변과 조화를 이루어 그저 그런 집이 아닌 나만의 멋진 주택을 만들어주기 위한 사전 작업이다. 사실 건축외장 입체화하는 과정에서 건축주의 진짜 취향을 발견하기도 한다.

인테리어의 큰 부분을 차지하는 것은 창호 부분이다. 임대 세대를 방문하다 보면 답답한 집과 시원한 집의 차이는 창호 개방성 때문인 경우가 많다. 개방되지 않는 너무 작은 창문으로 멋진 나의 집이 답답한 집이 되어서는 안 된다. 나는 창호 표현이 건축의 상당한 부분을 차지하기 때문에 시공 전에 창호의 개방성이나 창의 크기에 대해 매우 민감하게 검토하는 부분이기도 하다.

시공 전 디자인 협의는 종합건설업체의 대표 입장에서 반드시 필요하다고 본다. 이에 선행되는 것은 건축주와 시공사의 현명하고 합리적이고 적정한 건축비 협의다. 물론 디자인 표현을 한다고 해서 건축비가 늘어나는 것은 아니다. 대부분 창호의 고가 사양 선택이나 거실타일을 고가 타일로 사용한다든가, 싱크대 사양이 높은 제품을 쓰는 경우와 외장 대리석을 고가로 선택하거나 이 정도이다. 이런 경우는 건축비가 좀 많이 상승한다.

무조건 고가 제품을 사용한다고 해서 퀄리티를 형성하는 것은 아니다. 평면 디자인 표현을 하다 보면 그 어떤 인테리어보다 주변의 자연환경이 최고 인테리어가 되는 경우가 있다. 나는 주변 자연환경을 통한 창호 설치 표현을 잘해야 한다고 본다. 나는 건축 표현에서 창호를 첫째로 꼽는다.

시공을 위한 디자인 설계는 건축주가 원하는 삶을 반영하고 그저 그런 집을 짓는 것보다는 건축주의 삶의 만족도를 높이기 위해서 필요하다고 본다. 평면설계와 디자인 표현 협의 과정을 거쳐 시공한 건축주 만족도는 상당히 높다. 초보 건축주일수록 시공을 위한 디자인 설계는 꼭 거쳐야 하는 과정이라고 본다.

평당 계약과
시공 물량 내역 계약서
쉽게 이해하는 법

주거주택의 꽃은 그저그런집이 아닌 나만의 집을 지을 수 있는 시공사 선정에 있을 것이다. 사실 전 재산을 투자하는 일인 만큼 시공사 선정에 신경을 써야 하는 것이 사실이다. 시공을 위해서는 설계도서가 갖추어진 상태라면 공사 금액의 적정성 문제가 제기된다. 솔직히 요즘의 평당 단가는 지나가는 강아지도 알 수 있을 정도로 너무나 투명하게 공개되어 있다. 그러나 이런 평당 단가가 무슨 기준으로 책정되었는지 아는 사람은 오래전부터 주택 신축공사를 해본 사람 아니면 종잡을 수 없을 것이다. 최근에 종합건설업면허가 주택 신축공사의 필수 조건이 되어 단독주택 건설에 뛰어든 시공사들은 평단가가 의아할 수도 있다. 공사 내역서를 만드는 과정에서 단가가 재료 퀄리티에 따라 요동치기 때문이다. 문제는 이런 평당 단가가 중저가 자재에 의한 단가라는 걸 모르는 사람들은 그럴 수 있다. 최근 다가구주택 공사 경험이 없는 시공사들이 이런 평당 단가를 기준으로 공사비를 특정한 경우에 문제가 발생할 수도 있다. 평당 단가로 공사비를 제시하여 저가로 공사를 수주함으로써 하도급 협력업체에 저가로 하도급 함으로써 부실시공으로 이어지거나 공사가 중단되어 법정 소송으로 가는 경우가 있는 게 현실이다.

시공 기술자인 종합건설업체가 주택을 완성하는 데 중요하다. 일반적으로 시공사는 설계도면이 완성되기 전까지 그 건물의 모양과 평면을 전혀 알지 못하고 누군가 가져온 도면을 보고 시공 단가를 선정하여 견적서를 작성하고 건축주가 선택해주기를 기다린다. 시공이 확정되기 전까지는 건축도면을 가지고 시공에 대한 계획을 잡지 못한다. 시공사로 선택되지 않으면 그 설계도서는 다시 보지 않기 때문에 선택한 후에 시공 계획을 잡을 수 있는 것이다.

대부분의 건축주들은 시공이 완공되기 전 시공 과정에서 시공사의 중요성을 알게 되지만 처음에는 건축설계사와 설계를 하고 시공사와는 도면이 나오기 전까지 설계도서에 대한 피드백이 나올 수 없는 시스템인 경우가 거의 대부분이다. 아파트 등 공동주택 건설사에서는 설계 피드백을 건설사에서 하고 설계도면을 검토하여 시장성과 분양성을 분석해 설계를 잡는 것이 일반적이다 왜 그럴까. 시공 경험이 있어야 도면의 마감 형태와 동선을 이해하기 때문이다. 이런 점이 소규모 주택 건축의 한계인지도 모른다.

건축주들이 시공사를 선정할 때 평당 단가를 기준으로 시공 단가를 비교해서 견적 금액이 낮은 시공사로 선정하게 되는 경우가 대부분이다. 또한 건축 상담을 해보고 다른 시공사가 제시한 단가보다 높다고 생각되면 그 시공사에 의뢰를 하지 않는다. 물론 시장 경제나 자본주의 사회에서는 맞는 논리이지만 그 공사비로 적정하게 공사할 수 있을 때 얘기이다.

아는 지인이 평택에 공사를 하는데 시공사가 제시한 견적서를 한번 봐 달라고 해서 본 적이 있었다. A사의 견적 금액은 8억 8천만 원이었고 부가세와 에어컨 등 시세공과금이 포함된 금액이고, B사의 견적 금액은 7억 5천만 원이었고 이 건설사는 부과세 별도에 시세공과금이 별도였다. 그리고 C건설사는 6억 3천만 원의 견적서를 내왔는데 부가세 포함하고 에어컨 별도, 붙박이장 및 기타 옵션 별도 금액이었다.

그럼 여기서 A건설사는 순수 부가세 포함된 것이고 에어컨 옵션이 포함돼 있고 각 세대 수납장 등이 포함된 공사 금액이 8억 8천만 원이니 추가 공사 금액 없이 공사가 진행될 것이고 건축주는 그 금액만 지불하면 준공 시에 취득세를 내고 보존등기하면 되는 금액이다. B건설사는 견적 금액 7억 5천만 원이다. 에어컨 포함, 부가세 별도 금액이고 시세공과금 또한 별도이다. B건설사는 부가세 7천 5백만 원 더하기 시세공과금 2천만 원 정도로 보고 총 투입 금액을 보면 8억 4천 5백만 원에 붙박이 수납장 별도이다. 그렇다면 C건설사는 6억 3천만 원에 에어컨 설치비 3천만 원 정도 더하고 시세공과금 2천만 원 더하면 6억 8천만 원에 붙박이 수납장 별도 공사이다. 이렇게 하면 A사는 8억8천만 원이고 B사는 8억 4천 5백만 원 붙박이 수납장 별도이다. C사는 6억 8천만 원 붙박이 수납장 별도이다. 여기서 보면 A건설사와 B건설사 공사 금액은 거의 비슷하다. 그러나 C건설사 공사 금액은 대략 1억 6천만 원 정도 적게 나왔다.

건축주 선택은 어떻게 할 것인가가 관건이다. 먼저 말하자면 C건설사는 이미 탈락된 건설사이다. 만약 A, B, C건설사의 시공 상태를 본 적이 있고 시공 회사가 정직한 회사라고 가정하면 시공 능력에 따라 평가할 수 있겠지만 대부분 건설사의 경우 건축주가 처음으로 만나는 건설사가 대부분일 것이다. C건설사의 경우에 A사와 B사의 견적에 비해 현저히 낮다. 그렇다면 A사와 B사가 너무 비싼 견적을 제시한 것이다. 아니면 C사가 저가 견적을 내어 추가 공사를 요구한다든지 아니면 공사의 지연이나 상당한 하자가 발생할 가능성을 배제하지 않을 수 없다.

여기서 견적 금액이 A사, B사의 금액이 정상적인 금액이라고 하자. 그렇다고 해도 저렴한 C사를 선택하는 건축주가 상당히 많을 수 있다. 단가가 적게 나오는 건설사가 공사를 하게 되는 경우에 발생할 수 있는 문제를 한번 찾아보자. 첫 번째로는 저가의 협력업체가 선정될 가능성이 높을 것이고 시공사 문제가 있는 건물들은 대부분은 소음 발생부터 시작한다. 물론 층간 소음이야 쿵쾅거리며 다니면 날 수도 있겠지만 위아래 층의 대화 소리가 내 집에서 들린다면 어떨까? 이런 경우는 실제 있다.

김포 지역 부동산에 있을 때도 몇 집의 세입자가 집에 옆 세대 대화 소리가 들린다면서 더 이상 살 수 없다고 해서 이사를 간다고 방을 내놓는 경우가 종종 있었다. 천장이나 벽체에 은은한 결로나 곰팡이들이 소소하게 생기는 경우도 발생한다. 공사가 평균 공사 기간보다 몇 달씩 더 걸리는 경우도 있다. 단가를 맞추려면 저가 공사비로 시공하게 된 건설업체로서는 저가 하청 업체 견적을 받아서 공사 진행을 해야만 한다.

저가 공사업체를 찾기도 힘들고 저가 하도급 업체일 경우에는 자기 일정표에 맞춰 공사를 하게 된다. 때로는 추가 공사비를 요구하고 공사를 중지하는 업체들도 있다.

택지지구에서 보면 기초공사만 한 상태에서 공사 중단하고 유치권 행사한다고 자랑스럽게 현수막을 붙이고 있는 업체도 있다. 이 업체는 그곳뿐만 아니라 같은 지구의 또 다른 건물도 1층 거푸집 일부 공사만 하고 똑같이 현수막을 공사 현장에 걸어놓고 유치권 행사를 한다고 자랑스럽게 업체명을 나열해놓았다. 물론 이런 경우 누가 잘못해서 일어난 일인지는 아무도 모른다. 계약 당사자의 양심밖에 그 누구도 알 수 없다.

택지지구를 가보면 실제 이런 건설사에게 시공을 의뢰하는 건축주들을 많이 본다. 예전에 청라택지지구였는데 한 업체가 공사하는 건물들은 여러 개 중단되어 있었다. 건축주들은 그런 사정을 모르고 그 업체에 공사를 의뢰한다. 그 당시 그 업체는 실내 인테리어 공사하던 업체였는데 건축 공사도 맡아서 한 것이다. 그때까지만 해도 종합건설업면허가 없어도 일정 규모의 점포주택 공사는 개인이 할 수 있을 때였다. 개인이 일정 규모의 점포주택 공사를 못하게 된 것은 불과 1~2년밖에 안 된다. 저가 공사를 하지 말라는 것은 아니다. 이왕이면 단가가 낮은 금액으로 건물을 지으면 좋으니까 말이다.

내역서대로 견적을 받아서 공사 금액을 산정한 시공을 한번 얘기해보자. 하나의 예를 보자.

내역서를 보면 차례가 품명, 규격, 단위, 수량, 재료비, 노무비, 경비, 합계순으로 이루어진다. 이 같은 내역서를 보고 건축주들이 가격의 적정성이나 올바른 금액인지를 알 수는 없을 것이다. 내역서를 볼 줄 안다고 해도 재료비가 비싸다, 노무비가 적합하지 않다고 얘기하면 어떻게 해야 할까. 건축 공사비 내역서를 보고 건축비 조율은 사실상 어려운 거라고 보는 게 맞다.

주거용 주택 건축비 산정이라는 게 평균적인 건축주 성향을 보고 자재 사양이나 시공 방법들을 일정한 틀에 맞춰 총 공사비를 산출한 금액에서 만들어진 내역서이다 보니 이 공정 금액은 비싸고 다른 공정 금액이 싸다고 하여 건축주 입장에서 저렴한 공사비만 찾아내고 비싼 공정의 공사비를 깎진 못하는 것이다. 대부분의 건축주들이 별도 시공사의 이윤 책정된 금액을 인정하지 않기 때문이다. 공사비 조율을 한다면 총 공사 금액을 두고 시공비 조율에 들어가는 것이 현실이다. 건축주들은 결국 세부 내역서보다는 총 공사비를 기준으로 업체를 선정하는 것이 대부분이다.

내역 견적서를 가지고 건축주 입장에서 내역서 조건에 별도 금액으로 되어 있는 내용을 알아보는 게 쉬운 일은 아니다. 내역서를 보고도 무심히 그냥 지나쳐버리기 마련이다. 대부분의 경우에는 각종 인입비와 제세공과금은 별도로 기재되어 있는 경우도 있다. 부가세 별도라고 기재되어 있을 것이고 견적서의 금액이 낮으면 무엇인가 누락되어 있거나 대표자가 시공 경험이 없는 건설사에서는 과거 평당 가격 기준으로 공사비를 책정했을 수도 있다.

건축주가 확인해야 될 중요 부분은 사실상 다들 퀄리티를 분별해내는 것과 별도 금액이라고 되어 있는 부분이 무엇인지 확인하는 게 먼저라고 본다. 보통 공사비 평당 금액은 7백만 원 전후이고 저가 공사일 경우에는 6백만 원 정도라고 보면 된다. 물론 공사비 산정에는 허가 면적이 될 수도 있고 실제 공사 면적으로 평당 가격을 산정하는 경우도 있다. 내가 애기하는 평당가는 실제 공사 면적을 기준으로 한 것이다.

평당 계산된 견적서이든 내역별 견적이든지 일단 창호 종류 및 사양의 선택과 외장재 종류 선택, 싱크대 수준 그리고 나머지는 퀄리티 있는 예를 들면 이태리산 타일 같은 고가 제품을 선택하지 않을 경우를 제외하고는 별 문제가 없다. 그리고 옵션으로는 에어컨을 천장으로 할 것인지 여부와 실내 수납장 등 실내외 가구 등이 있다. 이런 것들을 잘 생각하여 사전에 협의하여 시공 금액 산정 전에 마무리를 지을 수 있어야 된다.

저가 공사비로 물량 견적서를 내놓는 시공사를 선택한 건축주 입장에서는 시공사가 제시한 금액으로 좋은 건물을 지어주길 바랄 것이다. 대부분 저가 시공비의 공사는 저가 주택을 생산하는 계기가 되고 시공 후 하자 발생률을 현저히 증가시키는 원인이다. 물량 내역 견적서를 받아서 단가 측정할 수 있는 건축주라면 사실 걱정할 필요도 없다. 내역서의 자재 가격과 인건비 등 내역서를 보고 한눈에 자세한 사항을 알아보는 눈이 있다면 현장에서 다툼은 일어나지 않는다. 평균적인 적정한 시공비를 제시하는 시공사에 건축 의뢰를 하는 것이 맞다고 본다. 찐 기술자들의 기술에 대한 대가를 깎아서는 안 된다고 본다.

건축비의 산정은 원칙적으로 건축주가 자기 자금 상태를 밝히고 그 자금의 규모에 맞게 건축 시공비를 산정하는 게 맞다. 서로 정상적인 생각과 식견을 가진 건축주와 시공사 대표라면 건축비에 맞게 공사 규모 및 사양을 정하게 될 것이다. 견적 내역서의 조건에 따라 공사비가 다를 수 있으므로 시공을 의뢰하는 건설사와 충분한 협의를 거친 후에 시공 기술에 대한 대가를 결정하면 만족스런 결과도 함께 있을 것 같다.

06

공실 없는
나의 집 짓는
간단하고 쉬운 방법

주거의 가장 중요한 것은 편리한 내부 평면 구조이다. 그다음으로 방향이 될 것이고 또 인테리어와 조망 등이 있을 것이다. 외적 요소로는 교통의 편리성도 포함될 것이고 주변에 공원이나 편의시설 등이 있으면 최상이 될 것이다.

일부 평면에서 주방 구조가 중요하다. 주방 구조는 ㅣ자형 ㄱ자형 ㄷ자형 등이 있을 수 있다. 임대 세대에는 그렇게 넉넉한 주방 공간이 단독형 주택에는 적용되지 않아서 ㅣ자형이나 ㄱ자형 구조가 대부분이다.

주방에는 중요한 건 전체적인 수납이 중요하다. 싱크대는 크고 넓게 되었으나 사실상 냉장고 수납이 안 되면 공간 사용이 곤란해진다. 냉장고 자리의 확보는 싱크대 배치에 중요 포인트다. 또한 주방의 싱크대와 냉장고 배치가 끝나고 나면 식탁을 놓을 수 있는 공간이 필요하다. 주방 공간에 편리한 씽크대와 주방가구 배치와 수납의 올바른 배치는 너무나도 중요한 일이다. 내가 너무나도 기본적인 얘기를 하는 이유는 솔직히 많은 임대 세대들이 냉장고 자리가 없어서 임대가 뒤로 밀리는 경우가 많다. 냉장고 자리도 없는데 식탁 자리가 있을까. 당연히 없다. 이런 집들이 의외로 많다.

주방 부분이 올바르게 배치가 되어 있다는 가정 하에 그다음은 창호 부분이 눈에 보이기 시작한다. 창문이 너무 작게 설치되면 집 안이 조금 답답해 보인다. 거실 창은 와이드하게 해야 집 안에 들어왔을 때 환한 분위기를 느낄 수 있다. 또한 창문 앞이 뻥 뚫린 집을 더 선호한다. 창문 밖의 뷰는 토지 위치에 따라 달라지는 것은 사실이다. 하지만 가능하면 옆집 건물 벽 앞에 거실 창을 배치하는 것은 삼가야 한다. 거실을 옆집 담벼락에 배치하는 것도 세입자들이 좋아하지 않는 평면 구조이다.

다용도실 또한 중요 포인트는 세탁기 건조기 수납이 가능해야 한다. 요즘은 건조기 세탁기를 가지고 있는 게 대세이다. 다용도실 수납공간만

충분하다면 굳이 빨래를 널 수 있는 건조 장소는 크게 필요하지 않은 것도 현 트렌드이다. 예전에는 다용도실 베란다에서 화분을 키우거나 세탁물을 말리거나 하는 장소였던 시절도 있었다.

안방의 수납도 중요하다. 대부분 안방에 부부욕실이 있고 그 앞에 간단한 드레스룸 정도 있는 구조가 많아지고 있다. 지금 시대는 수납할 옷들이 많은 것이 현실이다. 실제 나 같은 경우도 작은방 하나를 옷방으로 쓰는 실정이다. 안방에 드레스룸이 없다면 붙박이장을 설치한 집을 임차인들은 선호한다. 물론 장을 가지고 다니기도 하지만 가능하면 집에 옵션으로 있기를 더 바란다.

지금은 집 안에 에어컨은 필수이다. 일단 집을 다 보고 마음에 들면 그다음은 에어컨이 있는지 유무를 물어본다. 이쯤 되면 에어컨 옵션이 없으면 임대가 뒤로 밀리게 마련이다. 지금은 주택 임대를 하면 필수 옵션들이 있다. 에어컨 정도는 당연히 있어야 임대가 우수하다. 앞에서 언급했듯이 임차인들은 가능한 입주한 집에 여러 가지 옵션들이 있는 걸 선호한다. 사실상 신도시들은 젊은 세대들이 오피스텔 등 풀옵션이 있는 집에서 살다가 점포주택이나 다가구주택에 입주하기 때문이다.

나 또한 임대를 놓는 집은 1.5룸의 경우 세탁기 건조기가 싱크대 하부장에 매립 옵션으로 들어가 있다. 그리고 천장형 에어컨이 두 대 설치되어 있다. 또한 냉장고도 옵션으로 들어가 있다. 이쯤 되면 임대는 총알처럼 계약된다.

나의 집은 건물등기는 작년 삼월 중순에 했고 임대계약은 사월 중순에 4개 세대 전부 완료했다. 4개 세대 전부를 2개월 만에 입주시켰다. 그동안 원룸주택, 다가구주택 건축 경험이 많아서 임대 세입자 성향을 잘 알기 때문이다. 등기한 지 일 년이 넘어도 세입자를 맞추지 못한 집도 여러 곳이 있다. 거기에는 여러 가지 이유가 있는 것이다.

공실 없는 나의 집을 만드는 간단하고 쉬운 방법은 거실에 시원한 와이드 창문을 설치함과 동시에 막힘없는 외부 경관을 볼 수 있는 구조와 편리한 내부 옵션을 장착하고 적정한 임대료가 산정되면 임대는 걱정하지 않아도 된다. 또한 올바른 평면 구조를 잘 만들면 된다. 어찌 보면 기본 중에 기본인 것 같다.

07

임대가 늦게 나가고
공실률이 높은 집은
이유가 있다

건물을 지을 때 대다수의 건축주들은 건축설계 사무소가 그려온 설계 도면을 있는 그대로 가지고 시공사에 공사를 의뢰하여 진행을 한다. 그리고 완성되면 임대를 놓으면 된다고 생각한다. 건축도면이라는 게 시공사의 건축 경험과 임대 수요 성향에 따라 주택의 구조는 많이 달라진다.

그동안 주택 시공 경험이 있는 건축업자가 대표인 시공사는 좀 다르게 진행한다. 설계도면을 받기 전에 여러 번 도면 수정하여 허가 도면을 결정지어준다. 이 과정은 중요한 과정이다. 이런 과정이 이루어지지 않은 올바르지 않은 내부 평면 구조인 경우에는 임대에 처참하게 실패한다. 물론 임대료를 하향 조정하면 임대를 못 놓는 것은 아니다.

부동산 중개 업무를 하다 보면 여러 건물을 보게 된다. 현관문을 열고 들어가면 중문이 없는 경우는 많이 본다. 그런데 현관문을 열고 보면 신발 벗고 들어가는 곳보다 먼 곳에 신발장이 있는 곳도 있다.

거기까지는 그냥 괜찮을 수도 있다. 대부분은 현관문을 열고 보면 거의 대부분이 주방을 만나게 된다. 주방 싱크대는 크고 좋다. 그런데 냉장고를 거실 쪽에 놓거나 방문 앞에 놓을 수밖에 없는 집들이 의외로 많다. 임대 세대의 주방 동선이나 수납을 고려하지 않고 설계를 하고 시공회사 또한 그런 배려를 하지 않고 도면 표기대로 설치한 것이다. 당연히 임대 세입자 입장에서는 임대 순위에서 뒤로 밀리게 되는 집인 것이다.

다용도실의 구조 또한 문제가 있는 집도 있다. 다용도실이 거실과 방 사이에 보일러실과 함께 설치되어 있다. 거기다가 세탁기를 넣으면 보일러 점검과 문을 제대로 열 수 없는 구조인 것이다. 사용상의 불편함을 처음부터 가지고 살아야 하는 구조이다.

이런 집의 대부분은 옵션이 없다고 봐야 한다. 당연히 천장이나 거실 코너를 봐도 에어컨은 존재하지 않는다. 지금 임차인들은 실내 에어컨은 설치되어야 한다고 생각하는 게 트렌드다. 옵션까지 없는 집이니 봐줄 수 없는 평면 구조인 것이다. 에어컨을 설치하려면 건축비가 더 들어가는 것은 현실이다. 지금 임차인들은 가능한 집 안에 옵션이 많이 있는 것을 원한다. 그렇지만 건축주들은 지금도 필요성에 대해 그렇게 인식하지 않는다. 이런 생각을 가진 건축주들은, 임차인들이 필요하면 에어컨도 설치하고 기타 필요한 것들도 임차인 자신들이 해야 된다고 강변한다.

불편한 평면 구조와 옵션이 없는 세대에 또 다른 문제들이 나타난다. 현관문을 열고 거실로 들어서면 집 안이 어둡다. 답답한 느낌까지 든다. 그 집은 남향에 거실이 있는 것임에는 틀림없다. 그런데 거실 창을 열고 밖을 보면 옆집 벽이 눈앞에 시야를 가로막는 것이다.

남향이라고 해도 옆집에 가로막히면 해가 비치는 시간이 현저하게 줄어드는 것이다. 차라리 북향의 도로 뷰의 창이 훨씬 시원하고 밝은 느낌이 들기도 한다. 이것도 설계의 문제점이다. 주택 설계 원칙은 남향을 거실 방향으로 설계를 한다. 그러다 보니 세대 뷰가 남향으로 가는 것은 설계자로서는 맞는 것인지도 모른다.

현장 임장을 통해 알아보지 않거나 택지건축 설계 경험이 많지 않은 설계사는 당연히 남향 설계를 하는 것이 어떻게 보면 맞는 것인지도 모른다. 임대가 늦게 나가고 공실률이 높은 집은 이유가 있다.

이렇게 평면 동선 설계를 점검하지 않고 실재 임차인들의 기대치를 고려하지 않으면서 시공을 하게 되면 임대가 늦게 나가고 공실률이 높은 집이 될 수 있다.

08
___

건축법을
이해할 수 있는
건축인을 만나라

건축은 일정한 규모의 토지에서 내 재산권 행사를 최적화하기 위한 작업이다. 건축을 할 때는 내 토지의 유효한 장점을 살려서 최고의 건물을 지어야 한다. 건축물을 최적화하기 위해서는 자금 여건이 뒷받침되어야 하겠지만 나의 자본금 한도 내에서 건축 자재의 사양을 정하여 내가 원하는 집을 지을 수 있어야 한다.

부동성의 부동산을 건축하는 것은 내 재산 가치 표현이라고 볼 수도 있다. 도면에 토지 가치를 어떻게 표현하느냐에 따라 건축물의 크기나 높이 면적들이 달라질 수도 있는 것이다. 일반적으로 아는 것은 건폐율이나 용적률 정도일 것이다.

그리고 또한 주거 전용 단독주택인지 아니면 다가구인지 점포 겸용 주택인지 아니면 근생부지인지 등 이런 정도는 토지를 몇 번 접해본 투자자들은 잘 알고 있을 것이다.

건폐율이라는 것은 내 땅에 짓는 건물의 1개 층 넓이가 어느 정도인지를 가늠할 수 있는 수치다. 60%라고 하면 만약에 내 땅에 100의 면적이 있다면 그중에 60에 대한 면적 넓이 만큼이 1개 층 크기이다. 3개 층을 짓는다면 쉽게 얘기하자면 하늘에서 내려다봤을 때 최대로 넓은 면적의 크기를 말한다. 건폐율은 수평 투영 면적이다.

용적률이란, 용적률이 180%라고 얘기하면 60에 해당하는 건폐율이 3개 층이 올라갈 수 있다는 말이다. 각 층 건폐율을 합한 값이 용적률이라고 보면 쉬울 것이다. 여기서 더 얘기하면 오히려 이해하기 힘들다. 정확한 법규를 적용하면 다를 수도 있기 때문이다. 각 층의 면적이 다른 경우에도 건폐율은 하늘에서 내려다본 면적이기 때문에 층마다 면적이 다르다고 해도 최고 큰 면적이 적용되기 때문에 층 넓이가 줄었다고 해서 남은 크기에 해당하는 면적을 더 이상 위로 올릴 수는 없는 것이다. 이렇게 설명하니 더 어려워할 수도 있다. 전문인이 아닌 사람은 기본만 알아도 된다. 건폐율 60%이고 용적률이 180%이면 3개 층이 올라갈 수 있다. 이 정도면 된다.

일조권은 누구나 다 알고 있다. 일조권 적용을 어떻게 하는지 잘 모르는 것뿐이다. 일조권은 최초 대지경계선에서 1.5미터 이격하고 지상으로 3미터마다 1.5미터 이격거리를 확보해야 하지만 9미터 이하는 1.5미터이상을 이격하면 된다. 다시 9미터부터는 높이의 이 분의 일 이상 이격거리를 확보해야 한다. 9미터 이상은 다시 1.5미터 이격거리를 3미터마다 다시 정상적으로 이격하여야 한다.

도면 설계나 시공을 안 해본 사람들은 조금 이해하기 복잡한 부분들이 있다. 일조권은 건축법의 중요한 부분이다. 일조권이 있냐 없냐에 따라서 건축면적이 달라지고 주거면적이 달라지기도 하고 주택임대나 거주 편의성이나 조망도 달라지기 때문이다.

택지지구 중 거의 대부분의 택지지구는 지붕 부분은 경사 지붕으로 해야 한다고 지침으로 되어 있다. 경사 지붕으로 다락 한 층을 올리면 건축비가 올라가는 것이다. 이런 부분은 정책적으로 건축비가 추가되는 부분이기도 하다. 다락을 필요로 하는 사람들도 있지만 반면 건물 옥상을 평

지붕을 원하는 사람들도 있다. 그렇지만 지금은 대부분 택지에서는 경사 지붕으로 하는 것이 건축지침이기 때문에 하여야 한다. 이제는 바닥도 가능하면 차 마시는 휴식 공간이나 놀이 공간으로 사용할 수 있게 만드는 테크닉이 필요하다.

경사진 다락의 높이는 1.8미터 이하로 되어 있다. 하지만 가중 평균치로 높이를 조절할 수 있다. 쉽게 말하면 다락의 전체 평균 높이가 1.8미터면 된다는 것이다. 높이 기준은 콘크리트 타설의 최고 높은 곳을 기준으로 하는 게 맞다. 사실상 최고 높은 곳의 높이가 1.8미터 이상이 되어도 된다는 표현이다. 그래서 가중 평균치라는 것을 이해하는 건축 시공 기술자라면 다락의 표현을 잘해서 다락 층도 유효하게 사용할 수 있다는 뜻이다. 사실 도면에 의한 시공 경험이 있고 실제 도면 치수대로 건축물을 설치 가능한 사람들이나 쉽게 이해할 수 있다. 건축 현장 시공사들도 실제 기능공이 없으면 건축물을 능숙하게 실제 실무 시공기술이 없으면 건축물을 능숙하게 설치가능한 시공자를 만나기 쉽지않다. 그리고 여러 지자체의 건물 실무 시공 경력이 있는 목수, 대목수 출신만이 정확히 안다.

설계 단계에서부터 나는 다락의 가중 평균치에 대해 건축설계사에게 많은 주문을 한다. 사람들이 들어가 이동하는 데 지장이 없는 다락의 최고 높이를 최대치로 잡아달라고 1차 주문을 하여 도면을 받는다. 또한 주인 세대 다락 계단 위치와 개방 가능한 방향을 검토하고 옥상으로 진입 가능한 방향을 검토한다. 나는 도면상에 건축선을 스케치하여 도면을 최대치로 할 수 있게 그려달라고 건축설계사에게 도면을 요청한다. 이렇게 하여 다락의 유용성을 확보한다. 나와 같이 대목수 경력과 내장 인테리어 시공 경력이 있는 사람들을 제외하면 가중 평균치란 말을 인지하고 있는 사람들이 그리 많지 않다.

나에게 골조 공사 시공을 의뢰하는 건축업자들이 있다. 시공사들은 대부분은 골조 공사를 진행하면서 보면 철근배근도와 마감도면이 일치하지 않아도 잘 모른다. 나는 입면도와 건축 평면과 구조 평면을 비교 검토하여 이런 곳에 구조가 문제가 있는지 없는지 검토하여 누락된 도면을 그려달라고 요청한다. 때로는 외장 마감이나 실내 마감을 하려고 하면 미관상이나 사용 편의상 구조체가 추가되거나 삭제해야 하는 경우가 많이 있다. 실제 실무에서 기능공처럼 적용해보지 않은 건축 시공자들은 알지를 못한다. 쉽게 이야기하면 자동차를 고치러 가면 전문 기술자인 정비사들만이 할 수 있는 부분이다.

그래서 실무 기능공 경력은 건축에서 상당히 중요한 부분이다. 나는 실무 기능공부터 건축을 시작하였기 때문에 설계도면의 누락이나 잘못된 표현들을 사전에 건축 허가 전부터 검토하여 설계사에게 주문을 한다. 그래야만 건축허가도서가 나와서 시공하게 되면 건축 표현이 매끄럽게 된다.

감리 제도가 강화되고 내진 설계가 의무화되면서 건축 중에 잘못된 표현들이 나오면 건축설계사나 감리자 모두 도면에 대해 답을 주지 않는다. 건축설계사는 도면 수정을 하고 도면을 다시 바꾸려면 비용과 시간이 들기 때문에 수정 도면을 표현해주지 않으려고 한다. 건축설계사는 변경사항을 건축사용승인 시에 일괄 처리하기를 원하기 때문이다. 감리자가 건축 승인을 해주면 도면을 준공 시에 거기에 맞춰 그려서 처리하게 되면 되기 때문이다. 이런 경우 감리자 또한 자신이 도면을 허가도면과 다른 시공을 인정해주었다가 나중에 감리자 책임으로 돌아오는 것을 두려워하기 때문에 그들은 도면의 표기를 다시 해서 보내달라고 요청한다. 그리고 감리자는 도면에 표기된 대로 시공하라고 한다. 이럴 때 난감해지는 건 시공사뿐이다.

물론 부실시공을 막겠다는 취지에서 감리 제도는 막중한 것이다. 일부 부실시공업자들의 부실률은 상당히 떨어진 것도 사실이다. 지금은 납품하는 자재업체에서도 실제 납품하지 않은 시험 성적서는 절대 주지 않는다. 추후 감사에 적발됐을 때 큰 문제가 생기기 때문이다. 또한 지금은 거의 대부분 시험 성적이 나오지 않는 제품을 사용하지도 않는다. 이런 부분의 서류 검토 또한 감리자 업무이다.

감리자가 준공 시에 납품 자재의 시험성적서와 여러 가지 허가권자의 요구 사항을 검토하여 감리보고서를 작성해야 한다.

지금은 주거용 주택의 건축도 선진화되었다. 일부 건축 경험이 없는 실내 인테리어업자들이 시공한 건축물이 하자가 나는 것을 나는 많이 보았다. 실제 내가 있는 지역의 세입자가 천장에서 물이 한 달 넘게 떨어진다고 나에게 와서 건축주에게 얘기해서 빨리 시정해달라고 전해달라고 한다. 그리고 세입자가 같이 가보자고 해서 봤더니 진짜 거실, 안방, 작은방 할 것 없이 물방울들이 떨어지고 있는 것이다. 사실 이 업체는 이 지역의 공사를 많이 하고 있다. 어느 지역의 모델하우스 인테리어를 보고 건축주들이 현혹되어 건축시공을 의뢰하는 것이다. 이 업체는 누수로 인한 하자공사를 하는 것을 여러 곳에서 보았다. 이 업체를 비난하는 것은 아니다. 누수가 생기면 하자보수를 하면 되는 것이다. 물론 이 업체 말고도 비슷한 업체들이 있다. 주택의 건축이 소규모라고 해서 쉬운 걸로 아는 사람들도 있다.

거주를 위한 주택은 신경 쓸 부분들이 소규모라는 것에 비해 너무 많다. 사람이 사는 곳이다. 소음, 결로, 방수, 누수, 인테리어, 채광, 적절한 퀄리티, 또한 적절한 옵션 선택도 신경 써야 되는 부분이 많다. 사람이 사는 주택의 소음, 결로 하자는 실내외 마감재 내부에서 모두 해결되어야 한다. 내장 인테리어 전에 모든 하자 부분은 점검되고 마무리돼야 한다. 보이지 않는 곳을 철저하게 시공할 수 있는 전문 시공 기술자인 건설사 대표를 만나야 한다. 물론 건축기사 자격이 있고 건축 시공 경력이 있어야 한다는 말도 맞다. 그렇지만 건축기사 자격증을 따고 학교를 졸업하고 현장에 나오면 시공 현장에서 할 수 있는 것은 잔심부름밖에 없는 게 현실이다. 기사 딱지를 떼고 대리 정도는 돼야 현장이 이런 거구나 하는 것을 좀 알 수 있다.

시공 기능이 있는 전문 기술자는 현장 시공 업무를 수없이 많이 해본 사람이다. 또한 여러 가지 경우의 일들을 경험했고 시공해왔다. 그래서 허가전 도면평면설계는 상당히 중요하다. 시공 경험으로 알게 되는 건축법은 도면평면설계 단계에서부터 진가를 발휘한다. 인테리어를 위한 평면 시공 설계를 해본 건축주들은 시공 중간에도 실내 인테리어 소재의 선택을 하면서도 즐거워하고 완성을 고대하며 기다린다. 인테리어 평면설계를 통해 자신들이 살 집을 충분히 이해했기 때문이다.

하자가 없는 주거주택을 위해 골조 공사 시부터 재료 분리 부분에 대해 철저하게 공사하여야 한다. 마감 단계에서 지붕 부위를 지붕 끝 외벽 벽체를 올려 높아 보이기 위해 만드는 설계도면이 많다. 이것은 재료 분리가 생기게 된다. 지금은 대부분 지붕을 징크 시공을 많이 하는 추세이다. 이것은 하자가 발생할 가능성이 있다. 빗물이 경사 지붕을 흘러서 바로 흘러내려 가면 좋은데 난간이 있으면 지붕에서 고였다가 내려가기 때문이다. 여기서 벽체의 마감이 미장으로 끝났을 때가 가장 큰 하자 요인이다. 이부분은 마감처리를 잘해야 한다. 수평경사의 징크마감을 바닥에서 20센치미터 정도 높이의 벽까지 꺾어 올려주고 석재마감을 징크바닥면까지 내려주고 실리콘처리를 해주면 깔끔하다.

심각한 하자가 발생할 수 있는 게 외벽 창호 마감이다. 시공 경험이 없거나 마인드가 없는 시공사는 창호업체에서 고정시킨 상태에서 창과 벽 사이 공간에 구멍이 있는 상태에서 그대로 내부 석고를 모두 마감해버리는 사태가 발생한다. 창호와 오픈 골조 사이에는 기밀하게 건축용어로 사춤을 하여야 한다. 하지만 하도급 업체에서 대충해버리는 사례가 많다. 관리 감독이 안 되기 때문이다. 이렇게 되면 층간 소음이 발생해 외벽 마감재 사이로 위아래 층 이야기 소리가 들리는 집들이 생기게 된다. 휴대폰 진동 소리는 당연히 들릴 것이고 외부에서 지나가는 사람들 소리도 창문을 열지 않았을 때도 들린다. 그곳에 사는 사람들은 얼마나 기막힐까. 원래 이렇게 집은 외부 소리가 들리는 걸까 하면서 의문이 쌓일 것이다.

나는 시공을 할 때 외부 창호들을 키우기 전에 직영 일군과 미장공 실리콘공을 불러서 미장공에게 방수 작업을 1~2차에 걸쳐 하게 한다. 그리고 외부 창호를 설치하고 창호 부분에 기밀하게 사춤하고 실리콘공에게 창호 주변에 코킹 처리를 하게 한다. 그 부분에 대해서 내가 직접 시공 체크를 하고 나서 잘못된 부분은 재시공을 시키기도 한다. 그런 다음 벽체석고 시공 작업자를 불러서 실내 내장 공사를 진행시킨다.

  기밀하게 창틀 부위를 막지 않으면 소음은 창틀과 벽 틈 사이로 층간 소리를 전달한다. 진동소리는 벽체에서 울림에 전달된다. 그래서 벽체와 슬래브 부분에 소음방지제를 붙이고 기포 방통 작업을 하게 된다. 그래서 건축법을 알고 시공 기능이 있는 기술자를 만나야 한다. 이런 하자 방지 사례는 기능공 경험이 있는 건축시공 회사 대표이기 때문에 가능하다고 본다.

4장

전세금으로
살고 싶은 단독주택
짓는 법

나의 돈은
얼마나
있을까

나는 늘 열심히 일하고 분주하게 살아온 것 같다. 공사 현장에서 일하면서 새벽 4시부터 일어나서 출근하여 퇴근을 하면 저녁 여덟 시가 된다. 이런 생활을 오래 해왔다. 열심히 저축하여 돈을 벌어 편안한 보금자리를 마련하고 안정적인 생활을 하기 위해 부지런하게 살아왔다. 그러던 어느 날 나는 문득 생각하게 되었다. 내가 가진 돈으로 투자를 할 수 있는 것이 있나 살펴보게 되었다. 그 시기에는 다가구주택이나 원룸주택 아니면 점포주택 공사 현장에서 일하고 있었기 때문에 주택지는 항상 보고 있었다. 건축 현장 일이 돈을 벌 때는 벌어도 잃어버리는 경우가 종종 있다. 한 번 공사비를 받지 못하면 그 여파가 삼 년은 간다. 인건비를 청산하려면 개인 빚을 빌려야 하기 때문이다. 일반 개인들에게 진 빚의 이자는 상당히 높다.

어느 날 나는 나의 자금이 얼마나 있는지 파악해보았다. 참으로 어처구니없었다. 열심히 일하고 저축하여 돈을 모으던 나의 재정 상태는 바닥이었다. 내 보유 아파트는 은행 것이나 마찬가지였고 적금이나 보험은 전부 다 대출받아 거의 잔액이 없는 거나 마찬가지였다. 그도 그럴 것이 못 받은 공사비를 대체하려니 돈이 빠져나갔던 것이다. 결국 이제는 독한 마음을 먹어야 한다고 생각했다. 오래 전부터 나는 주택을 건축해서 사고팔고 하는 직업이 로망이었다. 나는 이제 그런 불합리한 생활에서 벗어나 그 꿈을 실현해야 한다.

열심히 일하고 사는 인생이 어느 날 갑자기 거지가 된 느낌이 드는 세상이다. 전세가가 폭등하고 아파트 값이 끝도 없이 올라가고 부동산 가격이 크게 요동치고 있다. 정말 평범한 직장인들은 퇴근하고 뉴스나 매체 등을 보면 부동산 거품이 사라지고 가격이 하락한다고 하는 전문가들이 깡통전세가 될 수 있으니까 전세를 얻을 때 잘해야 한다고 했다. 집값 하락을 걱정하던 부동산 전문가라는 사람들의 예상과는 달리 부동산 가격은 끝을 모르고 치솟았다. 정부의 규제 일변도 정책과 임대차3법이 시행되면서 전세가와 매매가가 치솟기 시작하였다.

부동산 가격을 하락시키고 임차인들을 보호한다고 내놓은 정책이 오히려 부동산 가격을 부채질하는 상황까지 만들었다. 임대인 직계 가족이나 임대인이 거주한다고 하면 임차인의 계약 갱신을 거절할 수 있다는 임대3법이 시작되면서 임차인들은 임대인들이 마음만 먹으면 집을 비워 주어야 하는 일까지 벌어졌다. 물론 임대인이 거짓으로 계약 갱신을 거절할 경우에는 손해 배상을 청구할 수 있다고 하지만 임대인 임차인의 분쟁거리만 남겨놓은 것이다. 이미 그 집에서 나왔는데 그 사실을 안다고 다시 들어갈 수가 있는 것도 아니고 소송을 하여 이기면 손해배상을 받을 수 있는 것이다. 기막힐 노릇이다. 나는 이곳에서 부동산업을 하면서 이렇게 전세 가격이 올라 밀려나 낮은 전세금을 찾아 더 작은 집을 구해야만 하는 사람들을 많이 봤다. 하루아침에 날벼락 맞은 기분이란다.

오늘 임대차보호법은 임차인을 보호하기 위한 특별법이었다. 임차인을 보호하기 위한 강력한 법으로 시작했던 것이다. 임차인을 보호하기 위한 특별법이 임차인을 위한 계약갱신청구권을 무력화하여 임대인이 임차인을 내보낼 수 있는 법으로 개조하여 굳이 만들어져야 하는지 의문이 든다. 이런 법의 시행까지 이루어지면서 집이 없는 임차인들은 요즘 말로 하루아침에 벼락거지가 되어버렸다는 말이 생겨났다. 왜 아니겠는가? 여러 부동산 전문가나 매체들이 부동산 가격이 하락할 수 있다는 정보를 반복적으로 하지 않았어도 그중에는 내 집 마련 할 수 있는 사람들도 많이 있을 수 있다. 집값이 하락한다는 정보들을 믿고 전세를 사는 게 낫다고 생각하여 임차인으로 살아간 것뿐이다.

자본주의 사회에서는 모두 다 자기의 셈법에 따라 경제적 가치가 달라지는 것은 맞는 거지만 짧은 기간에 부동산 가격의 상승에 따라 분명한 희비의 교차가 이뤄진 것도 사실이다. 주택가격이 상승하여 부동산 세금으로 부동산 가격을 잡으려고 양도세, 취득세, 종합부동산세 등 모든 세율을 올려놓았다. 부동산을 가진 사람들은 팔 수도 없는 상황이 벌어지게 되었다. 그대로 부동산 세율이 올라가면 매매 시나 임대 시에 시세에 반영되어서 매수인이나 임차인에게 부동산 세금이 귀착되는 것은 부동산에 관련된 책을 한 번쯤이라도 본 사람이라면 알 것이다. 부동산 세율을 인상하게 되면 사실상 매수인이나 임차인들이 그 세금을 내게 되는 상황이 벌어질 것은 분명한 일이다.

간단하게 설명해보자. 부동산 가액에 세금을 냈는데 매도 시에 부동산 가격에 세금을 더하여 손해를 보지 않으려고 향후 매매가를 올리는 것은 매도인의 정상적인 계산이다. 또한 임대인도 재산세, 보유세를 내게 되면 그 세금을 무엇으로 내겠는가, 당연히 월세랑 전세금을 올려서 그 자금을 충당할 수밖에 없는 것이다. 어느 매도인이나 임차인이나 가능하면 자기 손해를 보면서 물건을 임대하거나 매매를 하지는 않는다. 물론 부동산 하향 시장에서는 혹시 다른 상황이 벌어질 수도 있겠지만 보통 경우에는 그렇게 되고 있다. 전세 사는 임차인이나 월세 사는 임차인의 부담은 늘어나게 되는 것이다.

그러면 이제 어떻게 해야 할까? 자본금이 없다고 하여 계속 임차인으로 살아가야 하는 건가. 분명하게 내가 가진 돈을 어떻게 써야 하는지 정해야 한다. 먼저 나의 재정 상태를 점검해보고 현실적인 대안을 찾아봐야 할 것이다. 내가 살고 있는 집의 보증금이 얼마인지 파악해보는 것도 방법이다. 전세를 살고 있다면 전세가가 얼마인지 전세가 2억 정도를 현금 지급하고 살고 있다면 일단 전세를 해지하고 다시 전세자금대출 제도를 활용하여 다시 임차하는 것도 좋을 것 같다.

직장인이라면 웬만하면 전세자금대출은 다 나온다. 아파트 같은 경우 7~80% 대출이 가능하다. 다가구주택의 경우도 7~80%가 되는데 내가 있는 지역은 최대 대출 상한액이 2억 2천만 원 정도이다. 이런 정도 상태라면 나쁜 것은 절대 아니다. 상황이 어찌 보면 좋은 편에 속한다. 또한 보험사나 은행 적금들 중 꼭 필요한 것이 아니라면 해약하고 시드머니를 준비하는 것도 하나의 방법이다. 의외로 몇 천만 원이 되는 사람들도 있다. 또한 직장인들은 회사 차원에서 대출이 가능한 사람들도 있다. 이런 것들을 확인해보는 것도 좋겠다. 주거래 은행에서 신용에 따라 마이너스 통장을 만들어보는 것도 생각해보면 좋겠다. 신용도에 따라 솔솔한 금액을 사용할 수 있을 것이다.

정리하자면 전세금을 현금 지급하고 살고 있다면 새로운 집을 찾아 전세자금대출을 알아봐서 이사를 해 전세금을 활용하여 투자 머니를 준비하는 것이다. 그리고 또 가능하면 직장 대출이 있는지 확인해보고 가능할 수 있다면 점검해보자. 은행권의 마이너스 통장을 만드는 것이다. 거기에서 현금을 일부 확보할 수도 있다. 그리고 숨어 있는 보험이나 통장 등을 확인하여 필요한 것만 남겨두고 해약해서 현금 확보에 보태는 것이다. 이렇게 나의 돈은 얼마나 있을까 한번 확인해본다. 현금 준비가 끝났으면 이제 투자를 위해 다음 단계를 준비해보자. 준비된 사람만이 이룰 수 있는 것이다. 적은 돈이라고 실망하지 마라. 적은 돈이 모여서 큰돈이 된다.

나는 밑바닥부터
살 수 있는 마음 자세를
가졌는가

조물주 위에 건물주라는 신조어가 생겼다. 왜일까? 건물주가 되어 월세를 받고 싶은 꿈은 임차인이었거나 임차인인 사람들도 모두 로망인 것이다. 그런 건물주가 된 사람들이 처음부터 금수저로 태어나서 그렇게 된 것이라고 생각하는 사람들이 많을지도 모른다. 하지만 그들도 처음 시작할 때는 똑같은 월세 사는 임차인이었던 사람들이 훨씬 더 많다.

시흥시 하중동에 건물을 가지고 있고 그 외 여러 개 건물을 가지고 있는 백 사장님이란 사람이 있다. 이분은 처음에 조그만 공장을 운영하고 전세 살고 있던 분이었다. 그분은 그때 안산 시화지구 택지 개발 때 전세를 나와서 원룸을 하나 얻어서 살면서 그 전세금을 투자해 시화지구의 땅을 매입했다. 그 당시는 개인이 다가구주택을 직영으로 지을 수 있었기 때문에 주변 사장님들의 도움을 받아 원룸 주택을 짓고 사고팔고 하면서 부동산 투자를 하였다.

그분은 시화지구의 원룸주택, 근생 겸용 주택을 짓고 사고팔면서 자본금을 모아 온 것이다. 그러다가 시흥 하중동에 근생을 지을 수 있는 토지를 매입해서 상가 다섯 개 층을 올리고 6층은 자가 주택과 임대할 수 있는 주택을 지어서 오랜 월세 생활을 정리하고 그곳에 입주하였다. 오랜 노력 끝에 이뤄낸 보람 있는 건물이었다. 건물 이름도 아들 이름으로 지어서 걸어놓았다. 그분은 그렇게 계속해서 임대주택을 사고팔고 하는 것을 지금까지 계속하고 있다.

김 사장님이라고 하는 분이 있었는데 그분은 목수 일을 하시던 분이었다. 그분도 백 사장님에게서 오더를 받아서 건축 목수 일을 하시던 분이었다. 그분도 자기 종잣돈을 마련하려고 조그만 원룸으로 이사해서 백 사장님을 따라 공동 투자를 해서 백 사장님과 공동으로 건축 일을 하여 임대주택을 매매하여 세대 차익을 배분하였다. 몇 번 투자 이익금을 나누다가 김 사장님도 그분에게서 독립하여 홀로 투자해서 원룸주택을 짓기 시작했다. 그분들은 그렇게 그 원룸 건물을 지을 수 있는 토지를 투자하여 건축을 하여 매매하는 일을 꾸준히 반복하였다. 그 후로 그분들과 조치원 행정 복합도시가 지정됐을 때 고려대 주변 택지에 원룸형 상가주택을 짓게 되었다. 그분들과 나는 군산 산북동 택지지구까지 인연이 되어 같이 다녔었다.

김 여사님은 온 식구 돈을 끌어 모아서 조치원 고려대 주변 택지에 원룸주택지를 매입하여 임대 원룸주택을 짓게 되었다. 이분은 자기의 적금, 보험 등을 모으고 가족들의 돈을 모아 시작하게 되었다. 그렇게 해서 그곳에 원룸 12가구와 주인 세대 1가구, 상가에 반은 투룸을 지어서 임대를 하였다. 대학교 근처라 그런지 월세는 잘 나가고 임대는 걱정이 없었다. 이분은 가족 찬스로 건물주가 된 사례이기도 하다. 내 주변에 자금을 지원해줄 사람이 있다면 또 하나의 자본의 융통처가 되기도 한다.

모든 일을 이루기 위해서는 마음 자세가 필요하다. 건물 투자를 하시는 건물주들은 힘든 고생을 마다하지 않고 오로지 건물주가 되기 위해서 그 어떤 일도 감수한다. 거기에는 가족들의 고통을 동반하기도 한다.

나는 건물 지을 때 원룸에서 살면서 아픈 아내와 살았다. 거기서 아픈 아내를 보살피면서 건물을 짓기까지 고생이라고 생각해보지는 않았다.

아내가 빨리 완성된 집으로 들어가 살았으면 하는 마음뿐이었다. 또 다시 그런 일이 생긴다면 원룸으로 가서 사는 것을 주저하지 않을 것이다. 지금은 원룸 생활이 좋은 추억이기도 하다.

그런 내 아내는 지금도 하고 싶은 일이 있으면 나에게 하라고 한다. 지금 힘 있을 때 할 수 있지 나이 들면 하지 못한다며 자기는 언제든지 지금 사는 집 전세를 주고 원룸에 살 수 있다고 한다. 그 말 한마디가 참으로 고맙게 느껴진다. 내 아내는 참 따뜻하고 아름다운 마음씨를 가지고 있다.

옛날에 고생은 사서도 한다고 했다. 물론 요즘 세대는 고생을 무엇하러 사서 하냐고 돈이 많냐고 하는 소리가 있기도 하다. 나는 노년에 고생을 하지 않으려면 지금이 고생할 시기라고 생각한다. 지금 고생하지 않고 그대로 살아가다가는 늙고 힘이 없을 때 고생이 아니고 고통스러울 수도 있기 때문이다. 반드시 성공할 수 있다는 믿음만 있다면 반드시 성공할 수 있다. 왜냐하면 성공할 수 있다고 믿는 사람은 성공할 수 있는 일만 찾아서 하기 때문이다. 성공하는 삶을 이루려면 지금 당장이라도 밑바닥부터 살 수 있는 마음 자세를 가져야 한다.

모든 것은
마음먹기에 달렸다,
모험도 즐거워진다

세상을 살다 보면 소도 보고 중도 본다는 말이 있다. 인생의 수많은 일
들을 겪으면서 나에게 좋은 것을 안겨다주는 일도 있고 하기 싫은 일도
생기기 마련이다. 남을 아무렇지도 않게 속이는 사람들도 의외로 많다.
사실 그들 중에는 처음부터 그 사람들을 속이려고 하지 않은 경우가 더
많다. 자기들이 하는 일이 잘 안 되게 되면 사기꾼 소리를 듣고 잘되는
사람들은 좋은 소리를 듣기도 한다.

사기꾼이라고 불리는 사람들에게 당하게 되는 것은 자신의 욕심이 생

겨서 그들의 말에 귀 기울여서 그런 대열에 합류하는 것이다. 사기를 치는 사람들은 내가 아니어도 그곳에서 그 자리에서 다른 사람에게도 똑같이 하였을 것이다. 내가 그 자리에 가지 않았다면 그런 경우를 보지 않았을 것이다. 이렇게 자기 자신이 현명하게 판단하고 행동한다면 그런 일은 겪지 않을 수도 있을 것이다.

왜 나는 남들이 투자할 때 못 해서 못됐을까. 하고 싶은 것도 가지고 싶은 것도 많다. 멋진 자가용을 가지고 드라이브도 가고 싶다. 하고 싶고 가지고 싶은 건 많은데 나는 이 모든 것을 가질 수 없다. 나에게는 돈이 없어서 이런 것들을 가지지 못한다.

솔직히 이런 생활에서 간절히 벗어나려는 생각이 있었나 의문이 생긴다. 말로만 돈이 없다고 하면서 정작 술 마시고 놀고 싶을 때 놀고 먹고 싶을 때 먹고 하는 기본적인 생활만 하지는 않았는가. 부자가 되고 싶은 생각만 했지 정작 부자가 되기 위해서 준비하고 계획하고 생각하고 행동하면서 그것을 위해 구체적인 행위를 하거나 경제적으로 윤택해지는 부자의 행동을 하지는 않았을 것이다. 지금 벌고 가지고 있는 것으로 삶을 유지하는 데는 문제가 되지 않는다. 왜냐면 거기에 맞게 살면 되기 때문이다. 부자가 되기 위한, 고된 노력을 하기 위한, 내 자신을 위한 투자를 하기 싫기 때문에 하고 싶은 것을 하면서 사는 것이 편하기 때문이다.

부자가 되려면, 부자의 생각을 가지려면 힘든 대가를 치뤄야 하기 때문에 그런 것을 하기 싫다. 그렇게 현실에 안주하면서 부자가 되기 위한 새로운 도전을 하지도 않으면서 대부분의 평범한 사람들은 나는 일이 잘 되지 않고 맨날 이 모양인지 모르겠다고 푸념한다. 자신들은 현실에 안주하면서 다른 새로운 일은 해보려고도 하지 않는다.

투자에 성공하지 못하거나 부자가 되지 못하는 대부분의 사람들은 어떤 일을 하기도 전에 '그건 안 될 거야. 안 하는 게 나아.'라고 해보지도 않고 먼저 부정적으로 판단한다. 정주영 회장님이 말했다는 "임자, 해보긴 했어?"라는 말이 있다. 대부분의 비관론자들은 그 일을 경험하기 전에 안 된다는 말과 할 수 없을 거라는 말을 한다. 도전하는 것은 두렵기도 하고 어렵기도 한 것은 당연하다. 그렇다고 하지 않으면 나에게 기회도 오지 않는다.

부동산 가격이 상승하면서 부동산에 상대적으로 투자하지 못해 박탈감으로 거지가 된 듯한 기분을 일컫는 벼락거지라는 신조어도 등장하였다. 주변의 지인들은 상승하는 부동산에 투자하여 두 배 이상 시세 차익으로 부동산 부의 차이가 심화되어 부동산 투자를 하지 않는 것에 막연하고 불안하고 초조한 마음이 자연스럽게 들게 된 것이다. 지금 부동산에 투자해야 되는 건지 그렇다고 가만히 있기에는 불안하고 그런 기분이다.

인간의 본능적 욕구는 즉각적인 만족을 원한다고 한다. 대부분은 길을 지나거나 집에서 텔레비전을 볼 때 통닭 먹는 장면을 보면 통닭이 먹고 싶다. 그러면 즉각 시켜먹어야 한다. 시간이 지난 다음에는 통닭을 먹고 싶었던 욕구가 사라지게 되면서 통닭을 먹고 싶지 않게 된다.

투자에 있어 초보들은 바로 눈에 보이는 수익이 있어야 안심하고 만족한다. 그것들이 당장 수익이 있는 게 보이지 않으면 불안 초조해진다. 그것들이 수익이 쌓일 때까지 기다려야 하는데 왜 오르지 않는 건지 하면서 불평이 생긴다. 내 자신이 너무 욕심을 부린다고 상황 정리를 하는 게 아니라 세상 탓을 하고 남 탓을 하게 된다. 부동산 투자나 모든 일에서도 마찬가지일 것이다.

부동산 투자에 있어서나 모든 투자에서도 마찬가지이다. 기다림이라는 것이 있어야 한다. 뭔가 목표를 세우고 타깃을 정했다면 계속 그 타깃이 나에게 올 때까지 기다려야 한다. 부동산 투자는 부동산이라는 담보를 가지고 대출을 일으키는 경우가 많다. 대출이라는 것은 이자가 있어서 거기에 대한 또 하나의 책임이 뒤따른다. 나의 종잣돈을 무리하게 잘못 투자해서 투자 후에 나타나는 관리 상태에서 내가 행위를 잘 하지 못한다면 낭패이다. 예를 들어 대출금 이자가 연체가 돼서 나의 또 다른 자본금이 들어가게 되는데 그것에 대한 대비책이 없이 섣불리 행동을 하였다가 투자 원금의 손실을 가져올 수도 있다.

수익형 부동산인 택지 조성지구 토지를 매입하게 되면 종국에는 건물을 짓는다는 계산까지 해야 한다. 만일 토지에 투자하여 건물을 지을 수 없는 상태가 되면 토지를 매도하여야 한다. 비사업용 토지가 되면 양도세가 중과세 될 수도 있다. 이런 상황이 오게 된다면 결국은 대출금 이자를 계산하면 원금 손실을 가져올 수 있다. 예전에는 다른 방식으로 매매를 하였지만 지금은 다룰 수 있는 얘기는 아니다.

투자를 하려고 마음먹었다면 공부를 해야 한다. 적을 알고 나를 알면 백전백승이라고 했다. 이제는 부동산 투자도 돈에 대한 공부와 마음 다스리는 공부를 해서 자기 자신에 투자자의 마인드를 장착해야 한다. 내가 투자하려면 투자재가 무엇인지 무엇을 할 것인지 타깃이 정확해야 한다. 왜냐하면 타깃이 있어야 활시위를 당길 수 있기 때문이다.

아파트를 보면 지하철, 쇼핑 공간, 학군, 그리고 직주접근 이런 것들이다. 이 중에서 투자자가 할 수 있는 것은 없다. 공익 차원에서 이루어지는 것이다. 이런 것을 공부하는 것이 할 수 있는 일이다. 지역에 대한 친숙도를 높여 그 지역을 이해하고 그 지역을 공부하는 것이다. 도시 계획을 공부한다든지 아니면 그 지역 부동산 사무소에 가서 지역의 특성이나 그 지역의 이슈들을 알아보는 것도 공부이다.

공부를 열심히 하다 보면 내가 어떻게 해야 되는지 자연스럽게 습득하게 된다. 그 투자재를 구매하는데 실제 드는 비용이 얼마나 되는지 많은 것을 알게 된다. 이렇게 하다 보면 대부분의 부린이들은 자기 자본이 과부족함을 느끼면 그냥그냥 한여름 밤의 꿈처럼 마음속에 깊이 넣어두고 직장 일에 열심히 몰두하고 투자재에 대한 변화 과정을 지켜보지 않고 시간이 다시 흘러서 투자재 가격이 상승하여 그때 자본보다 훨씬 배 이상의 투자금이 있어야 할 때 또 관심을 갖는다. 평생 부린이로 살아갈지 모르는 상황이 된다.

마음을 잘 먹어야 한다. 종잣돈이 없으면 종잣돈을 만들기 위해 다른 무엇인가 하여야 한다. 그대로 할 수 없다 하여 주저앉으면 다시 일어나기 힘들다. 차선책을 생각하여 돌아가야 한다. 간절하게 꿈꾸면 이루어진다고 했다. 간절하면 간절한 만큼 그 꿈을 이루기 위에 노력한다는 뜻이다. 지금 현재의 안락함에 안주하지 말고 더 큰 내일을 위해 지금의 일시적인 편안함에서 벗어나 새로운 꿈을 향해 나아가야 한다.

지금 있는 전세금을 가지고 투자를 해보자. 지금은 금융권 대출제도도 잘되어 있다. 신도시의 단독주택지의 토지는 대부분 계약금이 있으면 나머지는 대출로 소유권 등기할 수 있다. 당연히 대출이자는 내가 내야 한다. 이 투자재가 자라서 나에게 또 다른 종잣돈이 되어 들어온다면 해볼 만하다. 너무 안전한 수입으로 수입에 맞는 생활을 한다면 늘 똑같은 생활 패턴을 반복하면서 '나는 왜 잘되지도 않고 지금도 이렇게 사는 거야?' 이런 반문을 반복해서 할 것이다. 이제는 레버리지를 이용해서 모험을 해보자. 대출금도 나의 자산이다. 모든 것은 마음먹기에 달렸다. 대출금도 이자 내는 것도 행복할 수 있다. 때론 모험도 즐거워진다.

04
—

단독, 다가구,
상가주택의
차이

지금의 부동산 시장은 아파트가 주도하고 있다. 지금 아파트 가격 상
승은 보는 이에 따라서는 한숨만 나오기도 한다. 이런 분위기라면 끝도
없이 오를 것처럼 보이는 게 아파트 가격이다. 정부는 부동산 정책을 수
도 없이 내놓았지만 부동산 시장은 그 정책을 비웃기라도 하듯 정책을
발표할 때마다 억억 하고 올랐다.

수도권의 대부분의 아파트 가격은 그동안 두 배 이상 치솟아 올랐다.
내가 사는 지역의 아파트들도 3억 중반대의 아파트가 현재 8억 원대를

호가하고 있다.

지금 대부분은 아파트가 주택으로 통용되고 있다. 물론 대부분의 부동산 정책이 아파트를 주택으로 규정하고 부동산 정책이 나오고 있는 것이 현실이다. 아파트는 공동주택이다. 하나의 건물이 층층이 건축되어 여러 가구들이 살아가는 구조이다.

공동주택은 세대마다 구분 등기가 되어 각 세대가 각각 구분되어서 세대별로 매매를 할 수 있는 것이다. 아파트 공동주택으로서 공동으로 사용하는 공용공간이 있다. 복도, 계단, 기본적인 것과 주차장과 운동시설이나 단지 내 공원 등을 공동 사용하고 공동 관리를 한다. 공동주택인 아파트는 어느 아파트나 관리사무소가 있다. 공동 목적으로 사용하는 공간을 청소 및 유지보수 등을 관리하는 관리사무소가 필요하다.

다음은 다세대가 있다. 다세대는 연립주택과 빌라가 있다. 대부분 빌라라는 이름으로 다가구를 똑같은 빌라라고 생각하는 사람들도 있다. 빌라는 유럽에서 유래된 말인 것 같다. 유럽의 농장을 경영하던 귀족들이 고급 주택을 지어 살았다고 하는데 거기서 유래된 게 빌라다. 고급스럽고 좋은 집이라는 것을 어필하기 위해 지어진 이름 같기도 하다. 처음 빌라 다세대주택을 지을 때는 아파트라는 개념이 없을 때다. 그때는 시골에서 살아본 사람들은 알겠지만 흙벽돌로 쌓아서 짓고 아궁이를 만들고 구들장을 깔고 불길을 따라 방을 데우는 방식이 전부였다.

시대가 발달되어 공동으로 사용하는 주택이 변화하여 여러 세대가 살 수 있는 연립주택이나 다세대주택이 생겨나기 시작하면서 다세대주택을 고급스럽게 빌라라고 하면서 자연스럽게 여러 세대가 사는 다세대주택이 빌라라는 이름으로 탄생한 것으로 본다.

빌라인 다세대는 아파트와 같이 공동으로 사는 공동주택이다. 빌라도 같은 건물에 여러 세대가 층층히 사는 공동주택이다. 다세대도 아파트처럼 구분등기가 되어 개별적으로 소유하고 여러 세대가 각각 세대별 매매가 가능하다.

이와 유사한 연립주택이라는 것도 있다. 연립주택도 다세대와 거의 유사하다. 여러 세대가 살면서 구분등기 되어 여러 세대가 각각 소유권을 달리한다. 연립주택과 다세대주택은 경비실이나 공동 시설이 없다고 보면 된다. 주택을 구분하는 것은 660제곱미터 초과하는 주택이 연립주택이고, 660제곱미터 이하인 경우는 다세대주택으로 구분한다.

아파트는 5층 이상 건물을 아파트라고 하고 4층 이하의 주택은 연립주택이나 다세대주택이라고 한다. 복합건물일 경우에는 공동주택과 근린 생활을 같이 쓰는 경우에 공동주택으로 사용하는 층의 합계가 4층 이하면 공동주택 면적에 따라 660제곱미터 초과면 연립주택, 660제곱미터 이하면 다세대주택으로 구분되고, 5개 층 이상이면 이것도 아파트로 구분된다. 지하 1층과 지상 1~2층은 근린생활이고 3, 4, 5층은 공동주택인 지상 5층 건축물도 660제곱미터 초과인 경우 연립주택이 되고, 660제곱미터 이하면 다세대주택, 흔히 말하는 빌라가 되는 것이다.

다가구주택은 3층 이하이고 주택의 면적이 660제곱미터 이하이면서 19세대 이하가 거주할 수 있는 주택을 말한다. 다가구주택은 택지지구에 있는 경우 대다수는 1층을 필로티 구조로 하여 4개 층으로 지어지는 건물들이 많다. 이는 1층이 필로티일 경우 층수에서 제외된다. 보통 다가구주택은 1층을 주차장으로 쓴다.

주차법이 강화되기 전에는 주차 대수를 확보하여 도시 지역에서도 원룸 등 여러 세대가 거주할 수 있게 건축하여 임대하였다. 그 당시에는 세대수를 최대로 확보하여 원룸형 다가구주택을 지어서 수익률을 높여서 건축을 했다. 건축업자를 지칭하여 집 장사를 하는 사람들은 그 당시만 해도 원룸주택을 지어서 매매하고 또다시 다른 곳의 토지를 매수하여 건축하는 과정을 겪으면서 시세 차익을 얻고 하면서 주택 부자가 되어가는 길을 걸었다.

지금은 부동산 규제 등 각종 건축법규제를 강화하여 수익을 극대화하거나 주택임대업이나 주택매매업을 하기 어려운 구조의 시대가 되어가고 있다. 물론 양질의 주택 공급과 건축 부실화 요인을 없애고 토지 공개념이라는 취지로 보면 틀리다고는 볼 수 없다. 어찌 보면 법 논리에 따르면 맞는 것일 수도 있다.

예전에는 원룸 등 소형 임대할 수 있는 주택이 공급되어 1인 가구나 솔로들이 거주할 수 있는 주택이 많았으나 요즘은 택지 공급되는 곳에는 도시계획 시행지침에 가구수 제한과 주차 대수 규정을 강화하여 원룸 등 소형 가구를 지을 수 없게 되었다. 공익의 원래 취지는 맞다. 쾌적한 주거환경을 만들기 위해 가구수를 제한한 것이다.

요즘 보면 이곳 향동 지구에도 방 하나 있는 집을 구하는 사람들이 많이 있다. 그러나 택지지구의 가구수 제한이 있다 보니 건축주들은 원룸을 짓지 않는다.

원룸을 지으나 쓰리룸을 지으나 가구수는 다섯 가구이니 비대칭되게 원룸 가구를 굳이 지을 리가 없다. 전세가나 월세가가 높은 쓰리룸 구조로 짓게 되어 있다. 층당 2가구 정도 지으면 가구수가 층을 다 채우기 때문에 군이 원룸을 지을 필요가 없는 것이다. 원룸 수요자들 중 자금의 여유가 있는 사람들은 이곳에 있는 투룸, 쓰리룸을 임대하지만 임대가가 높아 주거비가 감당 안 되는 분들은 변두리에 구옥주택을 임대할 수밖에 없는 상황이 되었다.

똑같은 점포주택, 상가주택도 주거 전용 다가구주택과 같다. 660제곱미터 이하이고 주거 부분의 층이 3층 이하인 주택을 말한다. 상가주택도 1층은 필로티로 상가를 넣게 되고 4층까지 지을 수 있다. 그러니까 1층을 주차장과 상가를 겸해서 주차공간과 상가공간을 만들고 3개 층을 주거공간으로 건물을 짓는 것이다. 1층은 상가, 2, 3, 4층은 주택을 두어 임대를 놓거나 거주하게 되는 것이다.

단독주택은 주거전용으로 2층 이하인 주택을 말하는 것이다. 택지지구에 분양하는 토지들은 주거전용단독주택은 2층이하이다. 단독주택의 종류는 다가구주택, 점포겸용주택, 1세대가 사용하는 단독주택이 있다. 쉽게 이야기하면 단독주택의 소유주는 1인이며 공동 명의를 포함하는 것이다. 공동주택은 공동으로 여러 세대가 한 건물에 거주할 수 있는 것이고 각각의 세대가 각각 구분등기가 되어 있는 것이다. 아파트와 다세대주택인 빌라나 연립주택 등이 이에 해당한다.

다세대주택은 주로 빌라라고 알려져 있다. 요즘 부동산에 찾아오시는 분들을 보면 다세대와 다가구를 구별하지 못하는 사람들이 많다. 부동산에 와서 빌라 시세가 얼마냐고 물어보면 부동산은 다가구의 전세가를 말해준다. 그들은 빌라인 다세대 매매가로 오인하고 받아들이고 2~30분 대화를 나누면서 위치와 교통편, 학군 등을 물어보며 대화를 하다 보면 그들은 다세대인 빌라 매매를 찾고 있고 현지 부동산은 다가구점포주택 전세가를 말하는 경우가 많다.

최근의 도시 지역 인근 택지개발 대부분은 다가구주택으로 LH나 도시공사가 택지 조성하여 분양한다. 택지들은 대부분 주거전용다가구와 점포겸용주택이다. 보통 일반 사람들이 말하는 빌라가 아니다. 즉 다세대가 아니다. 최근 지자체의 도시공사가 분양하는 토지에 빌라라고 불리는 다세대가 있을 수 있다. 지금 다세대는 구도심의 노후 주택을 철거하고 짓는 것과 일부 도시 지역 주변의 자연녹지를 매수하여 다세대주택을 짓는 정도이다.

지금 타운하우스라고 하는 10세대 이상의 단독주택은 정원과 담장을 공유하면서 집합단지를 이루고 있고, 1동의 건물을 2세대로 나누어 1개 층 주방과 방 공간, 나머지 층에 거실과 방 공간 등 내부 시설을 다락 층으로 해서 2층 주택을 짓는 두 개의 주택이 벽을 공유하게 되는 집이다.

즉 단독집합단지를 말한다. 이곳은 공동으로 관리하는 관리실이 있다. 주택 단지를 관리한다. 단독주택에는 주거전용다가구주택과 점포겸용주택, 타운하우스, 다가구주택, 전원형단독주택 등이 있어서 개념이 광범위하다.

05
———

택지 입찰을
받아야 하나,
분양 토지 매입을 할까

택지지구에서 토지가 분양되어 각각 토지주의 소유로 나뉘어져서 토지사용 시기가 되면 각 토지 소유주들은 소유권을 취득하여 설계 의뢰를 하고 시공사를 선정하여 건축물 사용승인을 받고 취득세를 납부하고 등기하여 건물을 임대하면서 입주하게 된다. 이 중에서는 택지 분양 신청하여 낙찰을 받아 토지의 잔금을 납부하고 취득하는 경우와 낙찰을 받은 토지를 프리미엄을 주고 매수하여 취득하는 경우가 있다.

택지 입찰을 받으려면 준비가 필요하다. 먼저 원하는 토지의 종류를 선별하고 토지 분양 공고를 찾아보고 분양 공고 지역의 위치와 낙찰가를 분석하고 나에게 맞는 토지의 위치를 선정하고 토지 낙찰 받을 지역의 토지 가치를 평가하여 입찰에 참가하면 된다.

공고문 예시 하나를 보면서 설명을 하자. 밀양나노국가산업단지 단독주택용지 공고문이다.

공고문의 상단을 보면 공급 방식은 경쟁입찰 방식이며 원칙적으로 소유권 이전 등기 전까지 전매가 제한된다고 되어 있다. 전매 제한이라는 것은 등기를 하지 아니하고 토지를 프리미엄을 받고 매매하는 행위를 하지 말라는 것이다. 프리미엄이라는 것은 등기를 하지 않은 토지나 건물을 서로 매매하는 경우에 발생하는 시세 차익을 의미하는 것이다. 등기를 하는 매매의 경우에는 원칙적으로 법률상에는 프리미엄은 존재하지 않게 되고 매매대금과 계약금 중도금, 잔금의 지급시기만 있을 뿐이다. 매매는 아파트나 토지가 등기되기 전에 사업 주체의 주관 하에 서로 명의변경 당사자 사이에 명의의 변경만으로 거래가 진행되는 것을 말하는 것이다. 그러나 공고문에는 원칙적으로 제한된다고 되어 있다.

전매제한에는 예외 규정이 있다. 그러나 일반적인 사람들에게는 불필요한 조항이다. 예외는 부득이한 상황을 말한다. 부득이한 상황은 어쩔

밀양나노융합 국가산업단지 단독주택용지점포겸용 공급 공고문

- 금회 공급하는 밀양나노융합 점포겸용 단독주택용지는 17.12.29 「택지개발 촉진법 시행령」 개정에 따라 **공급방식을 경쟁입찰로 진행**하며, 원칙적으로 **소유권이전등기 전까지 전매(명의변경)가 제한**되오니 본 공고문 내 '10. 명의변경'을 충분히 숙지하신 후 입찰에 참여하시기 바랍니다.
- 입찰 전에 현장답사, 각종 제한사항 확인 등 사전에 신중히 검토 후 신청하시기 바랍니다.(계약체결기간 내 미계약시 예외 없이 입찰보증금이 귀속됩니다.)
- 분양신청자는 본 공고문의 모든 내용을 숙지한 후 신청한 것으로 간주되며, 본 공고문의 내용 중 어떠한 사항에 대하여도 본인이 인지하지 못함을 이유로 이의를 제기할 수 없음을 양지하시기 바랍니다.

1 공급대상토지 및 공급방법

공급 용도	필지수	면적 (㎡)	공급예정가격(원)	대금 납부조건	입찰보증금	토지사용 가능시기
단독주택 (점포겸용)	134	218 ~296	114,510,000 ~180,960,000	2년 분할 (유이자)	입찰금액의 5% 이상 (예정금액 아님)	'24.01.01 이후

- ※ 공급토지 세부내역 및 관련도면은 우리공사 LH청약센터(https://apply.lh.or.kr) 분양공고에 첨부된 공급토지목록 등을 반드시 확인하시기 바랍니다.

- ※ **입찰보증금은 입찰하실 금액(공급예정가격이 아님)의 5%이상**이며, 입찰금액은 입찰 보증금의 20배를 초과하거나 공급예정가격 미만의 입찰가격을 기재할 경우 무효처리 됩니다.

- ※ 점포겸용 단독주택용지의 공급예정금액은 주거부분은 확정가격(감정가격), 비주거부분은 최고가 입찰가로 공급금액이 확정되며, 전체 공급예정가격 이상 입찰금액은 비주거부분의 공급가격으로 간주됩니다. 최종 낙찰자 결정은 비주거부분의 최고가 입찰자를 대상으로 선정하며(입찰은 "주거+비주거" 합산금액으로 투찰), 계약체결시 공급가격은 주거와 비주거 구분없이 낙찰금액으로 체결됩니다.

- ※ 입찰참가를 위해서는 반드시 **"범용 공인인증서"(인터넷 뱅킹용 공인인증서 사용불가)**가 필요하오니, 입찰 신청기간 전에 금융기관 등을 방문하여 적합한 공인인증서를 발급받으시기 바랍니다.

2 신청자격

일반 실수요자 [공고일 현재 만19세 이상, 1인(법인) 1필지에 한함.]
- 1필지에 대하여 2인(법인) 이상의 공동신청이 가능하며, 지역 및 세대주에 대한 제한은

수 없는 상황이며 간단히 나열하면 근무 생업, 취학, 결혼, 질병 치료, 상속, 해외이주, 이혼, 배우자증여, 병역, 채무불이행, 부실사업자인 경우 정도이다. 이럴 경우 서류상 증빙되어야 할 것이다. 말 그대로 부득이한 경우나 세법상에 문제가 없는 경우들이다. 전매의 경우 법률 행위를 무효로 하고 공급 계약을 취소되며 납부한 계약은 사업 주체에 귀속된다고 되어 있다. 전매에 대한 법률적 판단은 전매 내용에 따라 판결이 다르고 정반대인 경우도 있다. 그렇다고 해도 분쟁의 소지가 있는 토지의 전매 거래를 한국토지공사에서는 원칙적으로 제한하고 도시공사에서도 전매를 제한하고 있다.

공고문에는 분양 필지수와 면적, 거래예정가격, 대금납부조건, 입찰보증금, 토지사용 가능시기가 나와 있다. 토지 입찰 할 때에는 공고문과 토지이용계획, 지구단위시행지침 등을 잘 읽어야 한다. 택지분양은 대부분 경쟁입찰이고 일부 실수요자용 단지의 경우에 추첨을 하기도 한다. 이주자택지인 경우에는 일반 소유자는 응할 수 없다. 입찰을 할 경우에는 각 필지를 선택하여 입찰가를 정하고 입찰에 응해야 한다. 한 번 입찰가를 기재하고 진행된 후에는 변경할 수도 없고 일단 낙찰된 경우에는 계약금을 환불을 받을 수 없다. 그러므로 입찰가를 써넣을 때는 신중하게 금액 단위와 계약 금액을 확인하여 입찰 금액을 적고 보증금을 입금할 때도 정확하고 신중하게 입금하여야 한다.

공고문에는 입찰자가 토지의 조성 상태와 사업지구 내의 입지조건을 확인하라고 나와 있으며 미확인 시에 책임은 매수인에게 있다고 되어 있다. 입찰에 응하기 전에 입찰할 택지지구의 토지 상태를 꼼꼼하게 확인하고 주변 부동산 등에 방문하여 지역의 소식을 알아보고 입찰에 응해야 한다. 입찰에 응할 경우 토지사용 시기와 기반 시설의 사용 시기를 숙지하고 건축을 하여야 할 경우에는 토지사용 시기 또한 중요하다. 공고문을 한 번은 충분히 읽어 숙지하고 입찰에 응해야 한다.

지구단위시행지침 또한 잘 읽어보고 토지의 가치를 평가하여야 한다. 다가구나 점포주택용지의 경우 상가를 넣을 수 있는 택지와 상가를 넣을 수 없는 토지를 구분하고 주택의 가구수와 층수를 확인하는 것도 놓치지 말아야 한다. 건폐율, 용적률은 말할 필요 없이 알고 있어야 한다.

택지 입찰은 좋은 토지를 저렴하게 받기 위한 수단으로 하는 것이다. 하지만 너무 토지 가치를 높게 평가하여 낙찰을 받게 되면 나중에 매도에서 불리한 결과를 가져올 수도 있다. 다가구주택 또한 매매가가 아주 중요한 결과를 좌우하게 된다. 입찰을 받았다고 해서 무조건 좋은 것은 아니다. 최근 토지 입찰가를 200%의 높은 가격을 써서 낙찰 받은 것을 보게 되는데 입찰자가 향후에 기대하는 건물 시세나 토지 시세가 자신의 생각을 받쳐주지 못하는경우 많은 손해를 보거나 오랜 기간 동안 매도하지 못하고 보유하게 되는 상황이 발생할 수도 있다. 입찰을 할 때는 추후 매매가나 전세가를 확인하고 현재 주변 매매가 이상의 추정금액으로 입찰에 응하는 것은 피해야 한다. 주변 도시의 토지 시세가 높다 하여 현재 입찰지역의 토지 가치를 판단하지 않고 입찰을 받는 경우에는 큰 낭패를 볼 수 있다.

분양된 토지를 매수하게 되는 경우 토지의 매매 프리미엄 가격을 매수 시점에 직접 확인할 수 있고 거래 가격에 따른 토지의 위치를 확인하게 되므로 미래 가치를 잘 판단하고 매수할 수 있으며 원하는 토지를 적정가에 매수한다면 오히려 입찰가를 높게 산정하여 받는 것보다 확실하게 매수할 수도 있다. 분양된 토지의 매수는 주택 신축 판매를 해본 경험이 있는 매수자인 경우에는 토지의 가치를 판단하는 데 유리하다. 택지의 토지는 조성 전에 봤을 때는 분양 팜플렛과 공사 과정에서의 토지 모양과 조성 후 준공이 된 토지 형상이 완전히 다른 경우도 있다. 이런 경우 낮은 단가로 평가를 했던 토지의 위치가 일반 소비자들이 선호하는 위치가 되는 경우를 볼 수 있다. 분양된 토지를 매입하는 경우 토지의 위치나 입지 판단이 되기 때문에 내게 맞는 토지를 선정하기에는 유리하다.

조성된 토지의 진입로를 확인하고 상업지의 위치를 확인하고 점포겸용토지인 경우에는 1층 상가의 입지가 유리한 지역인지를 확인하고 그다음은 주택 층의 원활한 배치가 되는지를 확인한다. 내가 거주하는 주택일 경우 주인 세대 면적이 협소하게 설계가 되는 경우 입주를 고민하게 될 수도 있다. 일조 방향을 확인해야 한다. 지자체마다 북쪽에서 띄우는 원칙을 따르는 경우도 있고 고양시 같은 경우 남쪽으로부터 일조를 띄우는 지자체도 있기 때문이다.

토지의 가설계를 한번 의뢰해보고 토지를 매수하는 것이 좋다. 객관적으로는 주인 세대 층이 잘 나오는 다가구주택이 좋다고 보면 된다. 점포주택의 경우 입지도 중요하다. 1층 상가 임대 가능성을 봐야 한다. 만일 거주를 위한다면 상가의 경우 사무실 용도나 입지를 요구하지 않는 업종의 세입자를 유치하고 조금 저렴하게 임대가를 산정하고 주인 세대 입지를 보는 것도 좋다. 그럴 경우 가능하면 전면에 숲 뷰나 앞쪽에 건물이 없는 동 간 거리가 멀리 있는 토지를 택하면 좋겠다. 분양된 토지를 매수하는 경우 입지나 건물 환경을 고려하기에는 손쉬운 감이 있지만 입찰할 경우보다 높은 가격으로 사야 하는 경우가 많기 때문에 주변 지역의 매매가나 추후에 예상 매매가나 전세가를 잘 파악하고 토지의 입지 또한 충분히 고려하여 선택하여야 한다.

택지 입찰을 받아야 할까, 분양 토지를 매입할까 고민하게 되면 내가 처한 상황에 맞춰 선택하는 것이 좋다. 빠른 건물의 입주나 빠른 투자 결과를 보려면 분양 토지 매입이 좋을 수 있으나 보다 저렴하게 토지를 받고 싶은 경우 건물 입주를 하지 않거나 시간적 여유가 있는 경우에는 택지 입찰을 해보는 것도 좋겠다. 두 가지 경우 모두 토지의 입지와 입찰가 및 분양가 등 토지의 가치 판단은 충분히 하여야 한다.

06

자본 계획을
잘 세워야
성공할 수 있다

토지를 매수하기 위한 여러 과정들이 있다. 여기에서 과정별로 진행되는 것을 보자. 대개는 주변인은 권유로 토지 매입하는 경우가 대부분이다. 이때는 권유해준 사람에게 전적으로 의지하고 모든 진행을 권유하는 사람의 방향대로 모든 것을 따라가는 경우가 많다. 이때는 자신들이 무엇을 해야 하는지도 모르고 자신이 결정해야 될 사항이 무엇인지도 모른 채 상대방에게 그대로 빨려 들어간다. 이 경우 내가 불안해하는 것이 무엇이고 내가 아는 투자가 무엇인지 모른 채 막연히 완료되면 투자 수익이 나올 거라는 생각으로 하는 경우가 있다. 대부분 이렇게 투자하는 사람들은 별로 손해 보는 일은 없다. 사기를 당하는 경우가 아니라면 대부분 만족하지 못하는 성과가 있을지는 몰라도 의외로 일이 잘풀리는 경우가 많다. 왜냐하면 상대방이 통상적으로 투자에 대해 알고 있기 때문에 이윤이 남을 수 있는 토지를 권유하는 경우가 많기 때문이다.

　일부 매수인들은 그런 토지를 매수를 못 하는 경우가 있다. 왜냐하면 과거의 그 토지의 가격을 알고 있는 경우와 토지이용계획이나 지구단위계획을 이해하지 못하는 경우에는 토지의 가치를 알 수 없기 때문에 부동산에 방문하여 브리핑을 받다 보면 과장된 거라고 스스로 판단하는 경우이다. 그다음은 자신의 판단을 과신한 경우이다. 위치 분석을 할 때 자신의 생각을 과신하여 건축법이나 지구단위계획 등을 이해하지 않고 실무 경험을 갖지 않은 상태에서 토지의 형상만 보고 건축물이 들어서지 않은 상태에서 판단을 해서 주변 지역의 상황도 고려하지 않고 특정인의 권유로 매입하는 그런 사례도 있다. 토지는 판단하는 실무적인 안목이 있어야 한다.

　토지를 선택했다면 이제는 자본의 투입이 준비되어 있어야 한다. 종잣돈의 자본 계획이 되었다고 하고 토지 이용에 대한 자본의 투입 순서를 보면서 자본 투입 진행 상황을 보자. 먼저 LH 공고문의 한 부분을 보면서 단계별로 이해하자.

8 대금납부방법

▶ 분할납부[할부이자율 : 연 2.3%]

구분	대금납부조건	대금납부방법	
		계약금	잔대금
점포겸용 단독주택용지	2년 유이자 분납	공급금액의 10% (계약체결시)	공급가격의 90% (2년간 매 6개월 단위 4회 분할납부)

* 약정대금은 공사가 별도로 고지하지 않더라도 매매계약서상 납기에 맞추어 매매계약서에 기재된 계좌로 납부하여야 합니다.

▶ 할부이자, 선납할인, 지연손해금 등

① 할부이자

- 할부이자는 매 할부금(중도금 및 잔금)을 납부하기로 한 날마다 납부하지 않은 잔여대금에 대하여 **할부이자율(현행 2.3%)**을 적용하여 산정합니다.

- 할부이자는 토지사용승낙일 또는 우리 공사가 안내하는 면적정산일 중 먼저 도래하는 날부터 부리됩니다.

- 할부이자 기산일 이후에 선납하는 경우에는 원금에 대한 선납할인 없이 선납일수 만큼 할부이자를 부리하지 않습니다.

② 선납할인

- 할부이자 부과시점 이전에 토지대금을 약정일보다 미리 납부하는 경우, 선납일수에 **선납할인율(현행 연 2.9%)**을 적용하여 산정한 금액을 할인하여 드립니다. 단, 선납할인을 받은 후 납부약정일이 도래하기 전에 할부이자 기산일(토지사용승낙일 또는 면적정산일)이 도래하는 경우에는 할부이자 기산일부터 납부약정일까지의 선납할인액은 우리 공사에 반환하여야 합니다.

③ 지연손해금(연체이자)

- 매매대금을 납부약정일에 납부하지 아니한 때에는 체납한 금액에 대하여 지연기간에 따른 **지연손해금율(현행 연 6.5%)**을 적용하여 산정한 지연손해금을 납부하여야 합니다.

④ 기타

- 상기 할부이자율, 선납할인율, 지연손해금율 등 각종 이자율은 시중금리 변동 등에 의해 변경될 수 있으며, 변경시 기간 계산은 변경일을 기준으로 기간 계산하여 부리 합니다. 또한 이자 등 산정은 평년과 윤년의 구분 없이 1년을 365일로 보고 1일 단위로 계산합니다.

- 약정대금 납부는 별도의 고지를 생략하오니 매매계약서상의 납기에 맞추어 계약자 명의로 입금하여 주시기 바라며, 공동명의로 계약할 경우 대금납부 등 계약내용에 대하여는 매수인이 연대하여 이행하여야 합니다.

먼저 공고문에 써 있는 입찰보증금 준비부터 해야 한다. 토지를 선정하고 입찰을 시작하면 입찰보증금을 내야 한다. 만약에 입찰가가 1억 5천만 원일 경우 입찰보증금을 산정한다. 공고문에는 입찰보증금은 입찰금액의 5% 이상이라고 돼 있고 공급 예정 가격 미만을 제시하면 무효라고 되어 있다. 보증금을 계산할 때는 1억 5천만 곱하기 0.05이다. 금액은 7백 5십만 원이다. 입찰 시 7백 5십만 원을 준비하여야 한다. 이 금액을 준비하고 입찰가를 적고 보증금 7백 5십만 원을 지정된 가상계좌로 마감 시간 전에 입금하면 된다. 여기까지 하면 입찰은 끝난다.

공고문에 대금납부방법에 따라 낙찰이 되면 그다음은 계약금을 준비하면 된다. 입찰을 하여 낙찰을 받게 되면 과도한 금액을 기재해서 낙찰된 경우가 아니라면 좋은 일이다. 계약금은 대부분 낙찰자를 발표하고 일주일 정도 후에 평균적으로 토지공사에 가서 계약을 하게 된다.

계약금은 계약을 하기 전에 토지공사가 정해주는 계좌에 입금하면 된다. 공고문의 계약금은 10%로 입찰할 때 5% 입금했기 때문에 나머지 5% 7백 5십만 원을 입금하고 토지공사에 가서 토지매매 계약서를 작성하면 된다. 만약에 계약을 하지 않을 경우 낙찰을 받은 토지보증금을 돌려주지 않는다. 입찰 시에는 정확히 입찰금액과 내가 선택한 토지의 가치를 비교 판단하여 현명한 결정을 내려 입찰에 응해야 한다.

입찰금의 단위를 잘못 표기하여 10배의 입찰 금액을 표기했다면 보증금을 날리거나 10배의 금액으로 계약을 해야 한다. 실제로 수억 원의 보증금을 날리는 사례들도 있으니 금액을 표기하거나 계약금 입금 시 단위를 잘 살펴봐야 한다. 사람이 긴장을 하게 되면 실수하는 경우가 있을 수 있다. 이런 경우 막대한 손실을 가져올 수 있으므로 신중하고 정확하게 판단해야 한다.

잔대금은 2년간 6개월 단위로 4회 분할 납부하게 되어 있다. 이 경우 22.5%씩 4회 분할 납부하게 된다. 10%를 제외한 나머지 1억 3천 5백만 원 곱하기 0.225로 계산하면 매 회차마다 3천3십7만5천 원씩 납부하게 된다. 현금 납부 방식은 이렇게 된다. 이 경우에 대금이 없는 경우에는 대출을 이용하게 되면 된다. 토지공사 같은 경우 협약은행이 있다. 이 은행을 이용하게 되면 80%까지 대출을 받을 수 있다. 이렇게 되면 매 회차 대출 은행을 방문하여 서명을 하게 되면 은행에서 매회 잔대금을 납부하게 된다. 물론 대출금 이자는 본인이 납부해야 한다. 이렇게 2년이 도래하는 잔금일날 80%를 제외한 나머지 10%를 준비하여 토지소유권을 가져오면 내 토지가 된다. 이런 경우 잔대금 준비가 어려운 경우 다른 금융을 이용할 수 있는 방법도 현장에서는 찾아볼 수 있다.

택지지구의 토지를 분양 받고 등기를 하면 건축을 해야 된다는 전제로 토지를 매수해야 한다. 비사업용토지를 단기매매시에는 양도세 중과세가 되는 경우가 발생할 수도 있다. 프리미엄은 양도 차익이기 때문에 세금 문제에 직면하게 된다. 양도세가 중과되지 않던 시절에는 프리미엄 거래가 가능했지만 지금은 실수요자를 전제로 토지 분양이 이루어진다. 프리미엄에 대한 자세한 설명은 다음에 하자. 여기에서 다룰 내용이 되지 않기도 하고 실무상황에 따라 적용돼야 하기 때문이다.

토지 잔금을 지불하였으면 건축 설계를 해야 한다. 설계비는 통상적인 건물은 1천3백만 원에서 1천5백만 원 정도이다. 저가인 경우 허가만을 위한 설계도면을 그리는 설계이다. 내부 인테리어나 외장 내장 스펙이 없기 때문에 시공사를 잘못 선택하였을 때는 건축 공사 시 건축주에게는 어려움이 발생하는 경우도 생긴다. 반면에 일억 가까이 되는 고가 설계도 있기도 하다. 거기까지는 하지 않는 게 좋다. 보통 1천5백에서 2천5백 정도이고 1천5백에서 3천5백만 원 정도에서 선택하는 게 좋을 것 같다.

이렇게 되면 설계비가 준비되어야 한다. 보통 50프로 요구하는 곳도 있고 설계가 완성되면 설계비 완불을 요구하는 경우도 있다. 이 경우 선택은 건축주의 몫이 된다. 잘 판단해서 하면 된다. 설계비는 준공 완료까지 단계별로 지급하는 게 맞는 것 같다. 나 같은 경우에 설계비는 건축허가서가 나오거나 설계 완료 시 50%, 준공 단계에 50% 지급 완료한다.

그다음은 시공사 선정이다. 이 경우 평당가는 대부분 알기 때문에 통상적으로 주거전용 다가구의 경우 토지 70평대 4층 건물을 기준으로 보고 9억5천 정도이고 점포주택의 경우 11억 원 정도이다. 이 경우 건물의 사양이나 내외장 스펙이나 건축물의 옵션, 에어컨 등 가전 가구옵션에 따라 또는 재료의 가격이나 별도 시공 금액에 따라 1에서 2억까지 총 금액을 결산하면 달라지는 경우가 많다. 시공이나 시공비에 대한 설명은 앞 장에서 기본적인 것은 다루었기 때문에 여기에서는 이 정도로 하자.

시공에 대한 건축비는 건축 자금 용도나 시설 자금 등의 용도로 대출을 받을 수 있다. 이 경우 은행에 따라 대출 유무나 대출 금액의 차이가 많이 있다. 좀 더 많은 금액을 받고 싶다면 2금융권을 이용하는 것이 좋을 것 같다. 이 경우 대략 5~6억 원 정도 건축용도의 자금이 건축이 진행되는 정도에 따라 신청한 금액이 단계별로 나온다. 만약에 9억5천만 원에 계약을 했다면 5억이 대출이 진행된다고 가정하고, 내 부담금 4억5천 정도 건축비가 필요하게 된다. 이 경우에도 나머지 금액에 다가구라고 하면 건축 준공 후에 전세금이 나오게 되면 투자금이 그만큼 회수도 된다.

그 다음 준공 후에 자금 투입이다. 이때는 취득세가 있다. 보통 취득세는 취득가액에 원시취득세 2.8%를 준비하면 된다. 계산을 하면 9억5천만 원 곱하기 0.28을 하면 2천6백6십만 원을 납부하면 등기가 완료된다. 기타경비 등을 지급하고 나면 등기가 나온다. 사례에 따라 계산 방법은 다를 수도 있다. 대략적인 투자 자금을 알아봤다. 이해가 안 된다면 실무에 나오면 좀 이해가 빠를 것이다.

결론을 내리면 공고문의 예시 단계로 했을 때 토지의 취득세 6백9십만 원, 토지의 잔금과 계약금 삼천만 원을 내고 취득하고, 건축비는 9억5천만 원인 경우 대출 5억 원 받고 4억5천만 원을 준비하고, 준공이 완료되면 취득세 2천6백6십만 원을 납부하고 등기하면 된다. 이렇게 하면 간단하게 토지 매수에서 건축까지 쉽다. 내가 준비할 총 5억1천3백5십만 원을 준비하면 깔끔하게 된다. 총 1,133,500,000원이 원금이지만 이렇게 하면 절반에도 많이 미치지 못하는 금액으로 내 건물을 가질 수 있다. 준공 후에 임대를 하게 되면 나머지 투자금도 회수할 수도 있다. 이외의 다른 원금 회수에 필요한 각자 다른 방법은 실무에서 알아보면 좋을 것 같다. 이렇게 자본 계획을 잘 세워서 성공할 수 있다.

07

택지지구 주택지
부동산 브리핑은
반드시 받아봐야 한다

부동산공인중개사사무소는 모든 부동산 거래의 시작이자 마지막 단계까지 마무리하는 가장 중요한 업무를 하는 곳이다. 우리는 과거 월세방을 얻을 때부터 사회 초년생 때부터 방문한다. 나는 고등학교를 졸업하고 자취방을 얻기 위해 그 당시 동네 복덕방을 방문하기도 하였다. 그때는 공인중개사라는 전문인이 자리 잡기 전이어서 어느 곳에서는 동네 슈퍼에서 방을 구해주던 때였다. 우리는 그렇게 사회 초년생 때 자취방을 얻을 것부터 시작해서 인생에서 수차례 부동산을 방문할 기회가 생기게 된다. 나도 또한 사회생활을 하면서 자리를 잡지 못한 상태에서는 여러 곳을 1년 단위로 이사를 다니며 부동산을 찾아 임대 계약을 하기도 했다. 부동산은 우리에게 꼭 필요한 의식주의 주를 해결할 때 반드시 필요한 곳이다. 부동산공인중개사사무소는 가장 친숙하게 찾아야 하는 고마운 곳이기도 하다.

단독주택을 짓기 위한 목적을 이루기 위해서도 공인중개사사무소는 우리에게 필요한 곳이다. 대개는 부동산공인중개사사무소는 택지가 개발되기 전부터 그곳 택지지구가 조성되는 인근에서 모습을 나타낸다. 때로는 택지지구 주변에 새로 생기거나 아니면 택지지구의 구도시의 상가에 먼저 들어서서 원주민들의 토지 보상에 대한 상담부터 시작된다. 이때는 원주민들의 토지보상권에 대한 것이기 때문에 실제 택지지구 필지에 관한 구체적인 내용은 아직 대두되지 않는다. 이때는 주로 이곳 부동산은 원주민과 유대를 쌓으면서 원주민들의 어려운 고통을 들어주고 상담하는 역할을 한다.

이때는 토지가 수용되는 시점이기 때문에 신도시 지정 지구 내에서는 새로운 토지 거래가 어려워진다. 그 주변의 임야 자연녹지가 토지 거래의 대상이 되기도 한다. 이때는 대부분 임야나 자연녹지가 수용되었기 때문에 입지가 그 당시에는 좋은 곳을 찾아내기가 어렵기도 하다. 토지 거래를 자주 하거나 토지를 보는 안목이 있는 분들이 주변 토지를 매수하는 시기이다. 이때는 임야에 장기적으로 투자하는 사람들을 볼 수 있다.

지금도 이곳 부동산 주변에 토지를 사고 싶다는 문의가 들어온다. 하지만 토지의 매물이 몇 천 평씩 매물이 나오는 것이 대부분이고 이삼백 평대 토지는 이미 발 빠른 사람들이 움직여서 다 팔려나가고 찾기 힘들다. 신도시 지정되기 직전에 그래도 자본에 여유가 있고 일정 기간 장기 투자가 가능한 사람들이 먼저 움직이게 된다. 이렇게 신도시가 지정되고 얼마 후에는 수용 지구 내 원주민들은 주변의 농지나 임야 거래를 찾아다닌다.

원주민들은 오랜 기간 동안 터전에서 농사를 짓고 살던 분들이라서 토지에 대한 욕구가 많이 있어서 기존의 농지나 임야의 대체 토지를 찾아서 매수에 나선다. 이와 같이 주변 지역의 건물들도 매수에 나서게 된다. 보상을 받은 현금으로 자손들에게 건물을 사서 주려는 어른들이 생겨나서 신도시 주변 도시에는 건물이나 토지 매수를 하려고 하는 분들이 있게 된다. 이런 시간을 거치면서 시간이 지나 신도시 조성 공사가 이루어지면서 공동주택부지 분양이 시작되고 또한 신도시 원주민이 이주할 수 있는 대체 토지의 분양이 이루어진다.

이주자택지의 분양은 원주민만이 분양 신청을 할 수 있다. 그다음에 조금 시간이 흐르고 나서 이주자 원주민 분양이 끝나고 남은 토지를 일반분양하게 된다. 잔여토지의 입찰이 진행되고 낙찰자가 발표되면서 토지 분양은 끝나게 된다. 이제는 공동주택 아파트 공사가 시작되고 아파트가 하나씩 완성되면서 일찍 분양하고 완공된 아파트부터 입주가 시작된다. 이곳의 단지 내 상가에서부터 부동산공인중개사사무소가 들어오기 시작한다.

아파트 단지 내 상가에 부동산공인중개사사무소를 시작으로 신도시의 부동산 시장이 활기를 찾기 시작한다. 근생상가 공사가 시작되고 다가구 주택부지의 토지의 건물들도 하나둘씩 지어지고 다가구주택 상가에 부동산 공인중개사사무소가 들어서기 시작하면서 신도시의 주택 시장이 자리 잡아간다. 아파트 거래를 하는 분들은 아파트 주변 공인중개사사무소를 방문하여 아파트 매매나 전월세 거래를 하게 된다.

신도시는 아파트 주변 부동산들도 다가구부지의 토지를 알선하기도 한다. 분양된 토지 거래를 하기 위해서는 부동산공인중개사사무소를 방문하여 상담을 하여야 한다. 부동산공인중개사사무소는 두 곳 이상 방문하는 게 맞는 것 같다. 토지 거래를 하고 싶어 방문한 부동산에서 대화를 하다 보면 어떤 곳에서는 토지 매매를 하지 말라는 부동산도 있기 마련이다. 왜냐하면 자기 매물이 없거나 그곳은 아파트를 전문으로 취급하는 부동산인 경우이다.

신도시에는 다가구점포주택에 대해서는 잘 모르는 초보 공인중개사도 더러 있다. 베테랑 공인중개사도 토지 거래를 해본 경험이 없다면 토지에 대한 브리핑을 정확하게 들을 수가 없다. 내가 있는 지역의 부동산공인중개사들도 토지를 이해하지 못하는 분들도 많이 있다. 전문 아파트만을 다루다 보면 다루어보지 않은 토지에 대해서나 취급하지 않은 부동산은 잘 모르는 게 맞다. 아파트가 전문인 부동산공인중개사는 토지나 상가보다는 아파트에 투자하는 게 더 좋다는 의견을 제시할 수 있다. 아파트는 전문이므로 입지와 지역 이슈를 내세우며 아파트를 부각시켜서 브리핑을 할 수 있다. 이때 내가 원하는 다가구토지가 아니더라도 공인중개사의 브리핑을 인내하고 끝까지 경정해야 한다.

물건의 종류만 다를 뿐 주변의 입지나 이슈에 대한 내용은 모두 같은 것이기 때문이다. 때론 아파트 매수를 하려고 공인중개사사무소에 들렸다가 다가구토지 매수 권유를 받는 경우도 있다. 이럴 때도 공인중개사의 브리핑은 놓치지 않고 들어야 할 것이다. 지역의 투자 여건이나 주변 입지에 대한 설명은 유사하고 지역에서만 알 수 있는 이슈가 있을 수 있기 때문이다. 열심히 들어주고 호응해주는 사람에게 한 가지라도 더 설명하게 된다.

부동산공인중개사의 설명을 다 들었다면 이제는 아파트 매매가를 알아봐야 된다. 과거의 매매가 또한 중요하다. 그리고 아파트 전세 가격이나 월세 임대가도 충분히 설명을 들어야 한다. 다가구주택을 짓는다 해도 향후 임대 및 매매가가 어떻게 진행될지 가늠하는 기준이 아파트 시세이다. 아파트 매매가와 전세가의 차이가 많이 나는 경우 매매가가 거품이 될 가능성도 적지 않기 때문이다. 그리고 이 지역에 찾아오는 임대 세입자가 어느 지역에서 오는지 연령층이나 직업군들은 어떻게 되는지 질문해서 알아두어야 한다. 임차인들의 소득이나 연령층에 따라 전세가가 달라지기도 하기 때문이다. 내가 사업을 하려는 곳의 임차인들이 오는 지역이나 소득 수준에 따라 임대가가 높게 되기도 하고 낮아지기도 하기 때문에 지역의 이동 인구에 따라 임대가나 건물 매매가가 달라질 수 있기 때문이다.

신도시이기 때문에 건축하는 초기에 임대가나 건물 매매가를 특정 짓기는 어려울 수 있으나 임차인의 지역 이동 분포에 따라 미래를 조금은 예측해볼 수 있다. 그리고 택지 인근 건물들의 임대가나 매매가를 알아봐야 한다. 주변 건물의 임대가나 매매가가 낮으면 향후 매매가 조정 시기가 늦어지거나 조정이 어려워질 수 있다. 지역의 매물이 소진될 때까지 매매가 상승의 조정에 상당한 시간이 걸릴 수 있기 때문이다. 다행히 지역의 매물이 건축 연한이 오래되어 구옥일 경우나 승강기나 에어컨 등

옵션이 없는 경우라면 달라질 수도 있다.

지역 학군에 초등학교, 중학교가 도보 거리에 있느냐도 매우 중요하다. 신도시는 대부분 젊은 연령층의 구성이 이루어지는 것이 대부분이어서 어린아이들이 많이 살기 때문에 학군은 매우 중요한 요소이다. 주변에 대형마트나 편의시설들이 있는지도 중요하다. 쇼핑몰이나 근린 시설들이 잘 구성돼 있으면 편리하기 때문이다. 교통편이나 전철역이 인근에 있으면 더욱 좋다. 현재 보이지 않는다면 부동산공인중개사사무소에 들려 학군의 조성 예정이나 편의시설이나 기반 시설이 들어올 위치나 여러 조성 계획을 상세히 알아봐야 한다.

택지의 다가구는 전세가나 매매가가 향후 건물의 매매가를 구성하는데 중요한 요소가 된다. 점포주택에서는 1층 상가의 임대가가 건물 매매가를 좌우하기도 한다. 택지지구의 다가구부지는 점포주택일 경우에는 상권이 형성되는 위치와 가능성을 부동산공인중개사의 식견을 들어보고 상권 형성지의 토지를 알아볼 수 있는 안목을 가져야 한다. 대부분 상권 형성이 이루어지는 토지는 프리미엄이 높게 형성되고 있을 것이다. 투자를 하거나 자가주택을 지으려면 프리미엄의 적정성을 파악하여 향후 재매매시에 자본이득이 있는지 따져봐야 한다. 프리미엄이 높은 토지를 매수했는데도 불구하고 다른 토지와 마찬가지로 매매가가 형성되면 큰 손실을 가져오기 때문이다.

  부동산공인중개사사무소에서 반드시 알아봐야 할 것은 택지지구 내에
기반 시설의 조성 상태와 예정 상황, 교통 시설의 이동 여건과 전철역의
설치 예정 등과 함께 주변 아파트의 임대가를 확인하고 인근 지역의 주
택 임대가와 매매가 또한 면밀히 확인하고 투자를 결정해야 한다. 그러
므로 택지조성지의 부동산공인중개사들과의 유대관계는 매우 중요하다.
반드시 택지지구 주택지 부동산 브리핑을 받아봐야 한다.

08

전세금은 나의
또 다른 투자자산이
되어 온다

부동산 투자를 결정하는 데는 많은 어려움이 있다. 내가 살고 있는 보증금을 제외하면 돈이 없다. 당연히 내가 거주하는 집은 있어야 하기 때문이다.

지금은 정보의 전쟁이다. 누가 정보가 빠르냐에 따라 인생이 달라지기 때문이다. 부동산이 얼마 동안에는 떨어진다는 분석가들이 좀 있었던 것 같다. 그들은 앞으로는 집을 보유하고 있으면 애물단지가 된다, 이제는 소형 평수의 집을 갖거나 임대해서 사는 시대가 돌아온다고 말이다. 부동산 아파트 가격이 오르기 전까지 시비가 엇갈렸다.

2018년 전에 아파트 매입을 한 사람들은 조마조마한 시간을 보냈을 것이다. 하지만 수도권의 입지가 괜찮은 곳에 있는 아파트 소유자들은 두 배 이상 호가 상승을 맛보았다. 그러지 못한 사람들은 상실감으로 벼락거지가 된 기분이 들었다. 그도 그럴 것이 너무나도 가파른 부동산 가격은 이제는 가지고 있는 현금으로는 매수하려는 마음부터 먹을 수 없는 가격까지 치솟았다. 기가 막힌 일이 눈앞에 벌어진 것이다.

이제는 분양하는 아파트를 청약해야 한다. 그래야 조금 낮은 금액으로 아파트를 매수할 수 있는 문턱이 되어버린 거다. 도망가버린 아파트만 쳐다보고 그저 한숨만 내쉬고 있는 것이다.

김토린은 자기가 살던 전세 아파트를 나와서 보증금 이천만 원에 월세 육십만 원인 원룸주택으로 이사하고 전세금 3억 원을 가지고 향동지구의 토지를 매수하였다. 그 당시에 향동지구의 토지는 5억 중반대의 분양가에 프리미엄은 7천만 원에서 4억5천만 원까지 형성되었다. 그는 투자자본을 고려하여 그중 저평가된 프리미엄 7천만 원이 형성되어 있는 토지를 매수하였다. 그 토지는 코너 부지에 앞쪽 도로와 건너편에 숲이 보이는 곳이었다. 그 당시에는 그 지역 토지 중에는 저평가되어 있었다.

김토린은 프리미엄을 더 주고 입지가 좋은 곳의 토지를 사보려고도 했지만 프리미엄은 현금이 들어가는 부분이기도 하고 향후 매매 시에 양도세에 불리한 요건으로 작용하기도 하고 건축을 하기 위해서는 잔금 후에도 현금이 필요해서 이중 코너에 위치한 프리미엄 칠천만 원을 형성하는 토지를 선택했다.

건축설계 과정을 하면서 평면 디자인을 여러 차례 동선 수정을 거치고 건축허가를 신청하고 내외부 인테리어 디자인을 하여서 건물을 지었다. 외장 디자인 스펙과 내장재 스펙을 꼼꼼하게 체크하고 쓰리룸 두 세대, 1.5룸 두 세대, 주인 세대와 상가를 구성하였다. 그렇게 9월에 공사를 시작하여 다음해 3월에 준공이 났다. 그리고 김토린은 월세 살던 집을 비우고 향동지구주택에 입주하였다. 그리고 삼월 사월에 임대 세대를 입주시키고 지금까지 살아가고 있다. 김토린은 임대 세대의 임대를 맞추고 나서 종잣돈이 5억이 되었다. 3억이던 종잣돈이 건축을 하고 임대 후에 5억으로 불어나 있었다.

회수한 5억 원, 전세금으로 받은 임대료와 그동안 자신이 하던 일에 수입이 들어서 종잣돈은 오히려 2억 원이 늘어난 셈이다. 물론 그사이 토지 가액의 상승과 전세가가 받쳐준 것도 한몫했다. 다가구나 점포겸용주택이나 토지의 입지에 따라 임대가와 매매가가 결정지어지므로 토지의 입지 선택을 잘하면 투자 원금 회수와 자본이득까지 두 마리 토끼를 잡을 수 있다. 모든 투자가 그렇듯이 다가구주택의 경우 자본 구성을 잘해야 한다. 노후를 위해 이곳에서 거주를 장기적으로 하고 매매 의사가 없는 주택이라면 되도록 대출 부분을 줄이고 임대 세입자가 보증보험을 들을 수 있는 대출 금액을 남겨두거나 그 이하로 대출을 줄이고 전세로 임대하기보다는 월세로 임대하는 방향으로 하는 것이 좋다.

일정 기간 보유 후 매매를 하려는 것이라면 반대로 대출 비중을 최대로 높이고 임대 또한 전세 비중을 높이는 게 좋을 것이다. 대출 비중을 높이는 것은 후일 매매 시에 매수자의 투자 비용 선택의 폭을 높이기 위함이다. 또한 대출금이 적은 경우 매매 시 추가 대출이 어렵기 때문이다. 대출금을 높이는 경우에는 향후 매매 시세가 어느 정도 형성될지는 몰라도 5가구를 짓는 건물이라면 대개 두 세대를 전세를 놓으면 나머지 두 가구는 전세 임대가 어려워질 수 있다. 채권 최고액과 전세가를 더한 금액이 높으면 임차인들이 임대하기를 꺼려하는 경향이 있기 때문이다. 이럴 때는 자가 입주의 경우에는 전세 두 가구와 월세 두 가구가 적당하다. 이렇게 하면 두 가구의 월세 수익과 상가의 월세 수익으로 대출금 이자를 충당하면 좋을 것이다.

전세금으로 다가구주택의 토지에 투자하는 경우에는 기존의 토지를 매입하는 방법과 LH나 지방도시공사에서 분양하는 토지를 낙찰받는 경우가 있다. LH나 도시공사도 지역에 따라 공고문이 자주 나온다. 검색을 통해 분양 일정을 찾아보면 알 수 있다. 공고문을 보아도 처음 해보는 사람들은 어떻게 해야 될지 잘 모르는 경우가 많다. 입찰에 대한 것은 앞장에서 조금 다루었다. 실전 연습을 하거나 입찰 토지에 대한 공부를 해야 할 것이다.

내가 가지고 있는 현재의 전세보증금을 깔고 앉아서 세월을 저울질하며 돈이 모이기만을 기다리다가는 부동산 투자의 꿈이나 내 집 마련의 꿈은 갈수록 멀어질 것이다. 이제는 아파트 투자의 시기는 지난 것 같다. 사실 이제는 아파트를 구입하려면 상당히 높은 가격으로 올라 자본금이 넉넉한 사람이 아니고서는 매수하기 어렵다. 청약을 받는다 하여도 장기 거주를 해야만 한다. 재산권 행사에 규제가 심하다. 아파트 매수를 하였다 해도 장기 보유해야 하기도 하고 내 아파트가 오르면 다른 곳도 오르니 상향 이동도 어려워졌다.

지금 아파트는 자본의 소득을 올리고 싶은 사람이라면 수년의 거주 기간 동안을 거쳐서 매매를 해야 하기 때문에 사실상 자본이득을 보기 위해 아파트를 분양 받을 수는 없는 형편이다. 그리고 현재의 아파트에서 다른 아파트 갈아타기도 어려워졌다. 기존의 아파트를 처분하고 주거 이전을 하려고 해도 수도권 중심 지역으로 이동하려면 자본금의 상당한 증액이 필요하고 그렇지 않으면 수도권의 외곽 지역으로 이동해야 한다. 그러면 생활권에서 멀어지기 때문에 거주 이전도 상당히 제약이 온다. 사실상 아파트 투자의 시대는 상당한 시간 동안은 어려울 것으로 보인다.

 토지 투자로 단독택지지구의 선택은 전세금만이 자산인 직장인들에게는 선택이 아니라 필수재로 마지막 기회라고 본다. 전세금으로 나의 보금자리로 단독주택부지를 가져야 할 때다. 충분히 전세금으로도 나의 단독주택을 가질 수 있다. 택지지구에 대한 공부를 하고 토지를 매수한다면 전세금은 나의 또 다른 투자 자산이 되어 온다.

5장

아파트보다
단독주택이
대세이다

너무 오른 아파트 가격,
지금이
내 집 마련할 때이다

주택의 대명사로 아파트를 지칭하는 것은 오랫동안 이어져왔다. 정부 부동산 정책의 가장 중점은 아파트를 주택으로 규정하고 내놓는 대책이다. 오르는 지역마다 투기과열지구와 조정지구를 번갈아가며 수없이 많은 규제를 하였다.

조금이라도 오르고 있는 지역이면 어김없이 지방이나 수도권의 도시 할 것 없이 번갈아가면서 조정지역과 투기과열지구를 지정하였다. 그 여파로 규제지역 주변 도시까지 투자의 여파가 번지기 시작하였다.

경기 지역은 서울 주변 아파트들도 그동안 주목을 받지도 않던 곳의 아파트 가격도 사정없이 올라버렸다. 최근 사건들을 보면 아파트 가격은 지금도 오를 기세로 대기하고 있는 것 같다. 자세히 들여다보면 조정지역 이상의 규제를 받은 지역의 아파트는 대출 규제로 대출금이 적게 나와서 상대적으로 대출이 잘 나오는 인근 지역으로 부동산 투자를 하는 사람들이 이동하게 된다. 주변 지역의 수요가 늘어남에 따라 매도 가격이 올라가는 현상이 일어나는 것이다.

주변 도시의 대체재로서 부동산 가격이 수요의 증가에 따라 올라가는 것이다. 아파트 상승이 이어졌다. 다급해진 수요가 원도심 주변 도시에 투자함에 따른 상승 요인임에도 조정지구 지정과 같은 규제가 이어지자 또 다른 주변 지역의 대체재를 찾아 이동하게 되어서 투자수요가 몰리면 조정지역이 지정되었다. 일반 수요자들은 대출 규제로 인하여 있는 현금으로 집을 매수할 수 없게 되므로 집을 살 수 없는 상황이 벌어지기도 한다. 자금이 부족한 일반 수요자들은 대출이 유일한 자금 조달 수단이기 때문이다. 투기지역이나 조정지구로 지정되지 않았다면 대출을 통해 집을 가질 수도 있었을 것이다.

주변 도시의 대체재로 투자한 것이라면 실도자들의 매물이 나온 후에 아파트 가격이 어떻게 변할지는 모르는 일이다. 투자자매물과 실매도자들의 매물이 시장에 반영되면 아파트 가격이 상승하면 다른 아파트도 가격도 상승하게 된다. 그러면 아무리 올라도 아파트 가격은 결국 그냥 똑같이 오르고 똑같이 내리는 상황을 보게 된다. 계속해서 오르기만 한다면 아파트 가진 사람들은 결국 승자가 되겠지만 꼭 그렇지만은 않을 것 같다.

수도권 아파트 가격의 상승요인으로 같이 편승해서 오르는 주변 아파트 가격이 계속 오르기만 할 것인가. 이것은 수요와 공급의 원칙이 작용하기 때문에 수요가 없고 공급이 많아지면 결국 하락하게 되는 상황이 오게 될 것이다. 아파트라는 것이 기대감 때문에 오르기도 한다고 본다. 그러면 그 기대감이라는 것이 없어지게 되면 하락하게 될 수 있다. 물론 물가 상승으로 인한 아파트 가격의 상승은 어쩔 수 없는 것이기도 하다.

많이 오른 아파트는 정부의 주택정책 방향의 중심으로 신규 분양 아파트의 대부분은 장기 보유를 조건으로 분양하고 있다. 단기에 매도하려면 상당한 불이익이 발생하게 되는 것이다. 아파트를 투기로 보는 정책의 방향은 바뀌지 않고 유지하게 될 것 같다. 다주택자의 아파트 보유는 종부세 적용 대상이 되어 보유세의 증가로 상당한 가계 부담이 될 것이다. 아무리 정부가 바뀌어도 한 번 거둬들이던 세금을 축소한다는 것은 어려울 것이고 정부정책이라는 것이 반대 세력이 있는 반면 정책을 좋아하는 세력이 있어서 정책 방향을 바꾸는 것이 그리 쉬운 일이 아니기 때문이다.

정부정책에 맞추어 투자할 수 있는 물건을 찾아서 투자하면 되는 것이다. 정책의 옳고 그름을 따지기보다는 국가 정책을 인정하며 새로운 신세계로 투자 이상을 펼쳐나가면 된다. 실제 아파트는 매매를 해야만 수익이 나오기 때문에 단기 보유를 하고 매도할 경우에는 양도세 중과를 피할 수 없을 것이다. 현금을 주고 매수한 것이 아니면 수익이 나는 것도 아니다. 이제는 더 이상 아파트에 연연할 게 아니다. 다른 내 집 마련의 투자처를 찾아야 할 것이다.

단독주택은 앞으로 추구해야 할 새로운 선택지가 되고 있다. 택지지구의 다가구단독부지를 저렴한 가격으로 가져올 경우에는 토지의 시세 차익으로 자본소득을 얻을 수도 있다. 건축을 하여 임대를 하였을 때는 거주와 함께 임대수익도 가져올 수 있다. 토지 투자는 주택에 투자하는 것이 아니기 때문에 규제에서 자유롭다. 건물이 지어져 등기를 하기 전까지는 주택으로 분류할 수 없는 것이기 때문에 주택대출규제에서 자유로울 수 있는 것이다. 토지는 다가구용부지라 해도 건축물인 주택이 완공되기 전에는 말 그대로 토지일 뿐이다. 건물이 지어지고 등기가 되어서 사용하게 될 때에야 주택이 되는 것이다.

등기가 된다고 해도 임대를 할 수 있는 것이기 때문에 주택임대사업자를 내서 여러 세금 혜택을 받을 수도 있다. 주택 신축 판매사업자인 경우에는 주택의 수에도 들어가지 않는다. 다주택자 규제에도 어느 정도 자유로울 수 있다. 사업소득이기 때문에 매매 시에도 사업소득세를 내면 된다. 물론 개인의 사정에 따라 이러한 사업자들이 불리하게 작용할 수도 있다. 담당 세무사들과 상의하여 내 사정에 맞는 것을 선택하면 될 것이다.

건축을 하게 되면 건축에 따른 대출도 주택대출이 아닌 사업대출로 되면서 대출한도도 일반적으로 높은 편이다. 아파트에 비해 자금의 투입이 사업성에 비해 저렴하게 들기까지 한다. 대출 혜택을 받으면서 건물을 완공하게 되면 임대를 하여 전세금으로 대출을 갚거나 또 다른 투자 자본으로 이용할 수 있다. 일부 세대를 월세로 임대하여 대출금 이자를 내면서 담보대출을 가지고 또 다른 곳에 투자를 할 수도 있다.

자본금이 쌓여서 적절한 융자금을 확보하고 안정적인 임대를 하게 되면 주거와 동시에 월세수익을 내기도 하고 노후에 생활자금으로 활용할 수도 있게 된다. 이렇게 되면 자본이 스스로 수익을 내는 이상적인 수입원이 될 수도 있다. 아파트 분양 시장을 쫓아다니며 안간힘을 다해 자본을 쏟아부을 것이 아니다. 아파트는 자본이 투입되면 그대로 아파트 스스로 자본을 끌어안고 놓아주지 않는다. 다행히 아파트가 상승해서 시세 차익을 얻었다고 해도 아파트는 팔아야 현금이 나온다.

팔지 못하고 거주하게 된다면 아무리 오른다고 하여도 그곳에서 수익이 나거나 자본 수익을 벌어다 주지 않는다. 설사 매도를 한다고 해도 더 나은 곳으로 이동은 불가능하다. 더 나은 곳은 더 많이 올라서 오히려 자본금을 늘려야 옮겨갈 수 있을 것이다. 아니면 조금 변두리로 알아봐서 주거 이동해야 조금의 수익을 얻을 수 있을 것이다. 여기다 대출이 많이 있다고 하면 사실상 수익이 별로 없다고 볼 수도 있다.

아파트를 쳐다보면서 부러워할 게 아니라 자본 수익과 월세 수익을 받을 수 있는 안정적인 단독주택부지로 투자처를 옮겨보자. 지금부터 멋진 삶을 위한 나만의 단독주택을 가져보는 게 어떤가. 너무 오른 아파트 가격, 지금이 내 집 마련 할 때다. 단독주택은 편안하고 연금받는 노후생활도 보장받을 수 있다.

내 아이가
뛰어놀 수 있는 공간이
필요한 시대이다

도시의 공간에 살다 보면 아이들과 가족들이 편안하고 한가하게 이야기하며 뛰어놀 수 있는 공간이 없다. 아파트 공간에서는 서로 각자 방에서 생활을 하면서 방문을 닫고 들어가면 식사를 하거나 특별히 시간을 내지 않으면 대화를 나누는 시간이 별로 없다. 간혹 어린아이가 있는 세대라면 아이들이 쿵쾅거리며 뛰어노는 순간 위아래 층의 층간소음으로 다툴 수도 있는 것이다. 하지만 단독주택은 각자 개인의 의사에 따라 층간소음을 크게 줄일 수 있게 시공할 수도 있다. 공동주택 공간은 부자연스럽고 불편한 요소가 많다.

내 가족들이 편안하고 안정적으로 살 수 있는 공간이 필요하다. 나는 같이 사는 가족이 아내와 나 두 사람이다. 내 아내는 좀 감성적이고 마음이 여리다. 나에게는 아이 같은 존재다. 내 아내이면서도 딸과 같은 마음으로 같이 사랑하며 살아간다. 그리고 내 아내는 마음이 착하고 진실하다. 내 아내는 좀 아프다. 나는 아내가 건강을 되찾아 나와 행복하게 살기 위해 단독주택을 지었다.

나와 아내는 오십이 가까운 나이에 지인의 소개로 결혼하게 되었다. 2018년 겨울 어느 날 지인의 소개로 커피 전문점에서 처음 아내를 만났다. 오랜 솔로 생활 끝에 만난 아내는 음대 피아노학과를 나온, 지극히 감성적인 성격에 마음이 착한 사람이었다. 우리는 서로에 대해 아는 시간을 가졌다. 그러곤 인천에서 서울 중랑구 묵동까지 하던일을 일찍 끝내고 만나러 갔다. 우리는 거의 매일 만났다. 서로의 감정을 확인하는 시간을 보내면서 서로를 이해하게 되었다. 사랑하는 마음은 깊어만 갔다.

그렇게 6개월 정도의 연애 기간을 거치면서 서로 결혼하자고 마음먹었다. 내 아내는 상대에 대한 배려심이 있을 뿐더러 예쁘다. 내가 하는 말이면 무엇이든지 믿어주는, 긍정적인 태도를 보인다. 그런 아내와 결혼을 결심하고 나는 어느 날 김포 풍무동 한화아파트의 특별 분양 사무실로 아내와 함께 갔다. 그곳을 둘러보곤 세대를 정했다. 이곳을 보금자리로 정하면 어떻겠냐고 아내에게 물어보면서.

아내는 잠시 망설이더니 생각대로 하라고 흔쾌히 대답해주었다. 사실 그때 프러포즈도 안 한 상태였다. 그러다 보니 뭔가 조금 부족해 보이긴 했다. 난 며칠 뒤 프러포즈 대행사의 도움을 받아 부평의 모 장소에서 멋진 프러포즈 의식을 치렀다.

그렇게 신혼집을 결정하고 어느덧 결혼식 날짜를 정하고 웨딩 촬영을 하게 되었다. 나는 그 웨딩 촬영이 즐겁고 재미있었다. 대부분의 신랑은 웨딩 촬영을 할 때 힘들어한다고 한다. 그런데 신부가 좋아서 그랬던가. 나는 웨딩 촬영을 또 하고 싶었다. 난 웨딩 촬영이 흥미롭고 즐거웠다.

드디어 우리는 2019년 6월 9일 결혼했다. 그러곤 유럽 크루즈 여행을 떠났다. 난생처음 하는 신혼여행이자 크루즈 여행이었다. 유럽의 언어는 커녕 영어도 잘 못하는 상태였다. 그러면서 말도 안 통하는 유럽이라는 미지의 나라로 둘만의 신혼여행을 간 것이다.

나와 아내는 이탈리아 로마, 프랑스 같은 미지의 나라를 바닷가 연안에 크루즈가 정박하면 함께 여행했다. 그렇게 새로운 세계여행을 신혼의 단꿈을 꾸면서 무사히 마쳤다. 사실 유럽 크루즈 여행을 택한 건 아내에게 유럽의 집들을 직접 보여주고 싶어서였다. 유럽풍이라는 건축 양식을 알려주고 싶어서였다. 그래서 아내의 동의를 얻어서 떠났던 여행이었다.

착하고 예쁜 아내는 그 여행 이후 피곤해하는 모습이 역력했다. 나는 결혼하고 그동안 학원을 운영하느라 쉬지 못해서 그런가. 좀 쉬고 싶어서 그런가. 이렇게 편하게 생각했다.

사실 나의 아내는 자가면역질환인 베체트 진단을 받고 정기적으로 병원에 다녔었다. 피곤해하는 아내를 바라보고 있던 어느 날 난 핵산이라는 것을 접하게 되었다. 핵산을 판매하는 분은 핵산이 세포에 자생력을 생기게 한다고 했다. 면역력이 생길 뿐더러 잘 먹으면 베체트도 고칠 수 있다고 하는 것이었다.

나는 인터넷을 찾아보았다. 그랬더니 핵산은 안 먹으면 안 되는 진짜 만병통치약으로 보일 만큼 그럴싸한 논문들이 많았다. 자가면역질환에서 벗어날 수 있다는 기대감에 진짜 아내는 열심히 핵산을 먹었다. 영업하시는 분도 1~2주에 한 번씩 찾아와서 핵산 복용 방법을 자세히 알려주었다. 아내는 믿음을 가지고 핵산을 복용했다. 그러던 아내가 어지럼증을 호소하기 시작했다. 핵산 영업 사원은 괜찮다고, 호전되는 반응일 거라며 꾸준히 핵산을 잘 먹으라고 했다.

그렇게 시간이 흐르고 나는 공인중개사사무소 일, 건축업 일로 바쁘게 살아가고 있었다. 아내에게 세심하게 신경을 못 쓸 만큼. 그러던 어느 날

집안일을 도와주는 분한테서 전화가 왔다. 아내가 쓰러졌다는 것이었다. 놀란 나는 황급히 집으로 돌아왔다. 쓰러진 아내를 보고 있자니 참담했다. 아내에게 병원에 가자고 하니 고개만 끄덕였다.

그렇게 급히 아내를 데리고 인천국제성모병원 응급실로 갔다. 응급실 의사 선생님은 아내에게 팔다리를 움직여보라고 했다. 아내는 팔다리를 못 움직였다. 우린 의사로부터 너무 놀라운 소리를 들었다. "늦었습니다. 뇌졸중입니다."라는. 나와 같이 간 친한 누나와 함께 아내와 나는 아무 말도 할 수 없었다. 청천벽력 같은 소리에 귀를 의심했고 저 말이 틀리기만 바랄 뿐이었다. 입이 다물어지지 않았다. 그러곤 한참 시간이 흘렀다. 아내에겐 뇌졸중 집중 치료병실이 배정되었다.

그때부터 뇌졸중 집중치료실에서 기저귀를 찬 아내와 간병인인 내가 함께하는 치료가 시작되었다. 간호사는 환자가 움직이면 뇌에 문제가 생길 수도 있으니 절대 화장실도 가지 말라고 했다. 가만히 누워서 대소변도 보라는 거였다. 참 기막힐 노릇이었다. 내 머릿속은 백지장처럼 하얘졌다. 오로지 의사 선생님이 말한, 너무 늦었다는 말이 틀리기를 바랄 뿐이었다. 그리고 그날 밤 담당 주치의와의 면담 시간에 조금이나마 희망적인 말을 들을 수 있었다. 주치의는 스테로이드 치료를 하면 나아질 수 있다고 했다. 나는 가슴을 쓸어내렸다. 아내가 좋아지기만 바랐다.

그렇게 집중치료실에서 3일 동안 고강도 스테로이드 치료를 받고 일반 병실로 옮길 수 있었다. 아내는 팔다리를 조금씩 움직이기 시작했다. 그 후로 10일 정도 스테로이드 치료를 받다 퇴원했다. 그러곤 집으로 돌아와 통원 치료를 하게 되었다. 그 이후로도 힘들다고 호소하는 아내와 함께 시간을 보내게 되었다.

그렇게 1년이라는 세월이 흘렀다. 그동안 고양시 덕양구 향동에서는 상가주택 건물을 짓고 있었다. 그 건물이 2021년 3월에 준공되어 3월 20일경에 이전 아파트를 정리하고 향동으로 왔다.

아내는 병원에서 약 처방을 받고 민간 치료도 받았다. 그러면서 조금 나아지는가 했는데 화료 치료를 받으면서 아내가 그 치료사의 권유로 병원 약을 안 먹었던 것 같다. 또다시 그해 10월에 마비가 와서 성모병원에 입원했다. 같은 스테로이드 치료를 받고 일주일 만에 퇴원했다. 베체트 약만큼은 무슨 일이 있어도 먹어야 했는데…. 베체트 약은 면역 억제제다. 그 약을 먹는 동안에는 면역력이 나아질 수 없는 것이다. 그렇다고 내 아내를 환자로 둘 수는 없었다. 반드시 낫게 할 것이다. 그렇게 마음먹고 인터넷을 검색해 한약도 지어 먹어보고 침도 맞아보고 줄기세포 치료도 받아보았다. 온갖 방법을 생각해내거나 찾아보거나 했다. 하지만 지금껏 의학적 치료제는 없다고 한다.

어느 날 향동 건물주로부터 자기 딸도 비슷한 환자라는 소리를 들었다. 그는 딸이 인천 부평의 안마 치료소를 다니면서 많이 좋아졌다고 했다. 뭐든 방법을 찾아보라면서. 그곳에서 안마받고 단백질 치료를 받으면서 아내는 조금씩 병세가 좋아지고 얼굴 혈색도 좋아졌다. 내 아내는 화장을 안 해도 얼굴색이 하얗다.

아내는 원래 인스턴트 식품인 햄버거, 피자, 마카롱, 초콜릿 등을 좋아한다. 의사들이나 약사, 그리고 민간의 안마사 등 치료사들은 식습관이 아내의 건강을 해쳤다고들 진단한다. 그래서 내 아내는 그 좋아하던 과자와 달달한 사탕을 이제 먹지 못한다. 건강을 위해 새싹밀순에 비트를 갈아 넣은 녹즙을 아침마다 마신다. 상암동 약사님이 추천해주신 생약 스무 알도 꼬박 먹는다. 삼칠신통이라는 쓴 약도 함께. 아내는 자신이 싫어하는 맛이기도 한 이것들과 가까워지려고 진짜 열심히 노력하면서 매일 먹는다.

그래서 그런지 아내의 혈색이 좋아진 것 같다. 요즘은 걸음걸이도 조금씩 나아지는 것 같다. 오늘은 아프다고 울면서 받던 단백질 치료도 웃으면서 받았다. 나는 아내가 잘 걸을 수 있고 건강해지면 해보고 싶은 일들이 있다. 아내를 옆자리에 태우고 바닷가 맛집에서 아내가 좋아하는 맛있는 게장을 먹고 싶다. 또한, 아내와 영화도 보고 멋진 음악회에도 같이 가고 싶다. 내 아내는 예전처럼 건강해져서 반드시 즐겁고 행복한 시간을 가질 것이다.

나는 아픈 내 아내와 내가 행복하고 편안하게 지낼 수 있는 공간이 필요했다. 그래서 아이 같은 내 아내를 중심에 맞춰 주택을 설계하였다. 나는 내 아내의 건강을 위하여 히노끼 콤비 편백나무를 사용하여 집 안 인테리어를 하였고 아이와 같은 아내에게 초점을 맞췄다. 다행히도 내 아내는 이 집으로 이사를 해온 이후로 조금씩 병세가 호전되어가고 있다. 이제 내 아내의 얼굴의 혈색은 건강한 모습으로 돌아왔다. 내 아내가 예전처럼 잘 걸을 수 있으면 좋겠다. 나는 내 가족인 아내, 아이같이 순박한 내 아내와 즐겁게 뛰어놀 수 있기를 고대한다. 반드시 그렇게 될 것이다. 내 아내와 내가 즐겁게 살 수 있는 공간이 필요했다.

내 소유의
토지에 내 집,
멋지지 않은가

직장인들이나 평범한 직업을 가진 사람들은 일에 쫓겨 자기 자신을 돌보지 못하고 열심히 일을 하면서 생활을 하게 된다. 생활의 여유라는 게 생기지도 않는다. 사실은 내 마음속에서 내 자신에게 시간적 여유를 가지지 못한다.

그렇게 열심히 살아도 여전히 시간과 생활의 여유가 없고 계속해서 들어가기만 하는 의식주 비용을 벌기 위해 자기 자신에게는 여유 있는 생활을 누리는 것에 관대함을 주지 못한다. 이제는 자신과 가족을 위해 여유로운 시간을 가져보아야 한다.

도심 속 살기 좋은 단독주택을 가져보는 게 어떤가. 이제는 공동 아파트에서 벗어나서 단독주택을 가져보면 좋겠다. 아파트에 살다 보면 고작 몇 평에 불과한 지분만이 등기상에 공시되어 있다. 사실상 그 몇의 토지도 내 마음대로 팔거나 할 수도 없는 단지 지분으로 표기가 되어 있을 뿐 토지의 처분은 아파트에 의한다. 단지 아파트 세대에 부수하여 서류상의 지분으로 세대와 같이 매매되어지는 것이다. 서류상만으로만 있을 뿐 어디가 내 토지라고 특정할 수도 없고 별로 생각해본 적도 없을 것이다. 단지 한 개의 호수의 집을 나의 집으로 알고 있다.

단독주택은 다르다. 통상적으로 단독주택을 가지면 70평 전후로부터 그 이상의 토지가 나의 것이 된다. 내 개인의 토지이다. 그 누구와 공동소유가 아닌 내 토지인 것이다. 단독부지토지는 시간이 지날수록 공시지가 상승으로 자본이득이 일어나고 물가 인상과 건물 자재비의 상승으로 인한 지가 상승으로 시간이 지날수록 토지가는 계속 오를 것이다. 단독주택이란 내 소유 토지에 자본이득의 상승효과로 즐거움도 맛볼 수 있다.

인근 아파트에 사는 이사장님이 있다. 그분은 아파트에 거주하면서 불편한 점을 사무실에 오셔서 말하였다. 이사장님은 흡연을 하시는 분이라서 어쩌다 베란다에서 담배를 피우게 된 적이 있었는데 경비실에서 민원이 들어왔다고 연락이 왔단다. 그분은 자기 집에서 그 정도도 하지 못하고 흡연을 하려면 1층까지 내려와서 흡연을 해야 한다고 얘기하신다.

그분은 물론 공동 생활하는 곳에서 흡연을 안 해야 되는 것은 알지만 힘든 일과를 마치고 휴식을 취해야 할 시간에 맨 밑에까지 내려가야 하는 것이다. 내 집에서 내가 하는 행동에 너무 많은 제약이 있어서 많은 스트레스를 받는다고 호소하였다.

이사장님은 조그마한 강아지 한 마리를 키우고 있었는데 그분들도 처음에는 강아지 키우는 것을 싫어했다고 한다. 강아지 고유의 냄새와 털이 날리고 강아지 오물들을 치우는 게 싫었다고 한다. 그랬는데 우연한 기회로 지인을 통해 강아지를 받아왔는데 아이가 개를 키우고 싶다고 해서 어쩔 수 없이 키우게 되었다고 한다. 아파트에서는 창문을 열기가 어렵다고 했다. 강아지 한 마리가 짖게 되면 단지 아파트 강아지가 너도 나도 짖는단다. 아파트가 공동관리라는 편리함도 있지만 사람에 따라 불편함도 많은 것 같다.

이사장님은 그래서 토지에 관심을 가졌다. 아파트와 같이 이웃과 부딪치는 일이 일어나는 것이 싫어서 단독주택에 살고 싶어 했다. 전면을 가리지 않는 택지 위주로 찾았다. 그래서 3층 건물을 지을 수 있고 전면에 도로와 산 뷰가 있는 토지를 선택했다. 토지 계약을 하고 바로 설계에 들어갔다. 가설계를 그리고 평면 동선 설계를 하면서 의견을 나누면서 아내분이 주방이 막히지 않고 전면 뷰를 볼 수 있고 이사장님은 와이드 창으로 넓고 시원하게 하고 자신만의 공간이 있었으면 좋겠다고 하였다. 그래서 그림과 같이 도면을 입체화하여 보여주게 되었다.

그림과 같이 입체도면으로 자신의 집이 어떻게 되는지 보고 서로 협의한 사항을 고려하여 주방은 창으로 전면 뷰를 볼 수 있게 하고, 거실 창은 와이드 창으로 다락 층에는 이사장님 자신만의 공간으로 사용할 수 있는 장소를 만들어서 설계를 하고 내부 색감은 우드 계열로 따뜻하고 포근하게 표현하고 외부와 내부 디자인을 협의를 완료하고 공사를 해서 입주하게 되었다.

이사장님은 주택을 지어서 살게 되어서 아주 좋다고 한다. 일정한 장소에서 편하게 흡연을 할 수도 있고 자기만의 단독 공간이 있어서 좋다고 말했다. 주방 디자인이나 거실 창을 크게 설정해주어서 답답하지 않고 뷰가 좋다고 하면서 집을 짓기 잘했다고 하였다. 그분은 그때 토지를 잘 매입해서 잘 지은 것이다. 그 집이 준공된 시점에 이곳 토지 시세는 프리미엄이 많이 올라서 그때보다 높은 가격이 형성되었다.

내 토지에 건물을 짓고 살게 되면 내 토지에 맞게 설계를 하고 내가 원하는 공간과 내 가족이 원하는 공간을 멋지게 인테리어도 하고 나만의 여유 공간도 만들 수 있고 내 가족이 편안하게 지낼 수 있는 편의 공간도 만들 수 있다. 내 집에 앉아서 꽃 피고 새 우는 소리를 들으면서 차 한잔을 마시면서 명상도 즐기면서 여유로운 시간을 누릴 수도 있다. 또한 집 앞에 산책로를 따라 자연을 벗 삼아서 운동과 힐링을 즐길 수 있다.

누구나 단독주택의 낭만적인 삶을 꿈꾸는 것은 당연한 사실이다. 그러나 도심지에서 멋진 내 토지에 나만의 집을 가질 수 있다면, 그리고 내 가족들에게 맞는 공간으로 이루어진 나의 집 정말 멋지지 않은가. 내 소유 토지에 내 집을 갖는다는 것은 참으로 행복하다.

공기 좋은
단독주택,
열 아파트 안 부럽다

　나는 어려서는 여행을 하면서 멀리 떠나는 것을 즐겨했다. 공기 좋은 강원도 쪽으로 향해서 무작정 자동차를 타고 달려간다. 그곳의 맑고 깨끗한 공기를 마시고 그 지역 특산물을 사서 가지고 온다. 그렇게 자동차를 타고 밖으로 나가서 고속도로에 진입하면 차가 막히기 시작 한다. 차량 행렬을 따라 긴 시간을 달려서 산세 좋고 물 좋은 지방의 바닷가나 강원도 지역의 향해 달려서 찾아간다. 많은 시간이 걸려도 휴일만 찾아오면 가게 된다. 일단 그곳에 도착하면 기분부터 시원하고 자유로움이 배가 되는 느낌이다.

나는 인천에 살면서 경상도 바닷가의 유명한 영덕게를 먹으려고 여섯 일곱 시간을 달려가 시원한 바다 바람을 쐬고 구경하다가 그 지역 먹거리를 먹으면서 신선한 자연산 생선회를 곁들여서 맛깔나게 먹고 있으면 세상만사가 편안해진다. 자연의 시원한 바람을 쐬러 시간이 나면 그 먼 곳까지 가게 된다. 몇 시간의 자동차 운전으로 힘든 몸이 그곳에 도착하는 순간만큼은 피로를 느끼지 못한다. 자연에로의 귀소본능은 누구도 거스를 수 없는 것이다. 우리는 이렇게 시원한 경치와 산세 좋고 물 좋고 공기 좋은 곳을 몇 시간을 마다않고 찾아다닌다. 도심의 콘크리트 장벽 사이에서 살아가다 보니 자연의 편안함은 우리에게 활기를 찾아준다.

도시의 아파트 단지에서 수많은 사람들이 오고 가며 살아간다. 편리한 주차공간과 편의시설들이 있는 아파트가 인기가 높은 것도 사실이다. 아파트에서 내려다보는 도시 야경은 좋은 분위기를 만들어주기도 한다. 아파트라는 공간은 여러 세대가 살기 때문에 수많은 사람들이 이웃하면서 잘 지내고 있을 거 같다.

하지만 아파트에서는 대부분의 사람들이 이웃집에 누가 살고 있는지 알지도 못하며 서로 알려고도 하지 않는다. 아래층에 쿵쿵 거리는 소리가 전해질까 봐 거실을 걸을 때도 조심조심 걸어다녀야만 한다. 아래층에 소리라도 나면 문제가 생길 수 있기 때문이다. 1층의 경우에는 창문도 마음대로 열지 못한다. 나는 아파트 1층에 살았었다. 창문 밖으로 사람들이 이동하는 모습이 보이고 밖에서도 안을 볼 수도 있다. 그래서 가끔 창문을 열어놓으려면 불편하고 불안하기도 하다. 단독주택은 다르다.

김포시의 마산택지지구에 류 사장님이 있다. 류 사장님은 부인 이름으로 집을 지어주려고 한다면서 찾아오셔서 상담하고 즉석에서 건축 의뢰를 해온 분이다. 그날 처음 보았는데 내게 사장님 같은 분이면 좋은 집을 지어줄 것 같다면서 토지지번을 확인하고 설계에 들어갔다. 그분은 살기 편하게 알아서 지어주면 된다고 하셨다.

류 사장님과 평면 동선 설계를 하면서 평면구조에 대해 설명하고 나중에 지어지면 보여질 공원 위치 등을 설명하면서 도면 협의를 하고 몇 차례 공사 전 사전도면 미팅과 디자인 인테리어 구성에 대해 브리핑을 하였다.

류 사장님은 건축이 힘들고 어려운지 알았는데 이렇게 시공 전에 평면 도면을 설명을 듣고 디자인에 대한 미래 상황을 협의하면서 집을 짓는 사전 단계를 들으니 재미있다고 하셨다. 매번 오실 때마다 흥미롭고 재미있다고도 했다. 이렇게 그분들의 건물의 외장 마감재는 스페인산 벽돌로 시공하여 아래 모습과 같이 멋지게 준공되어 입주하였다.

　창밖으로 시원한 공기가 스며들고 창문 밖으로 펼쳐진 수채화는 계절 따라 변한다. 어떤 때는 앙상한 나무가 있는 모습을 보이기도 하고, 어느 날에는 새하얀 눈꽃송이의 설경을 제공하여 보는 이의 마음을 하얗게 투명하게 만들기도 한다. 빨갛고 노란 개나리와 봄꽃이 피어나기도 한다. 또 시간이 지나면 앙상했던 나무들이 푸른색으로 변하면서 맑은 공기가 절로 건강해지는 기분을 선사한다. 어느 때는 정원을 연상하게 만들어 멋진 나만의 마당이 되어주기도 한다. 때로는 나에게 산책로를 제공하여 유산소 운동을 하며 걸을 수 있는 공간이 되기도 한다.

도심에 공기 좋은 공원과 같은 공간을 제공하고 주변의 멋진 풍경과 자연 그대로의 환경은 나에게 늘 기쁨을 선사하기도 한다. 아파트보다는 나는 자연을 품은 단독주택이 좋다. 공기 좋은 단독주택, 열 아파트 안 부러운 이유이기도 하다.

05
___

단독주택,
내가 원하는
라이프 스타일을 보장한다

각자가 조금씩 다른 생활 습관이나 추구하는 삶의 관점이 다르다. 부부간에도 식습관부터 선호하는 음식들도 다르다. 내 아내는 달달한 마카롱 같은 과자를 아주 좋아한다. 그리고 빵 종류를 좋아한다. 빵 가게 주변을 지나가게 되면 빵을 구경하자고 한다. 난 빵을 먹을 거냐고 묻는다. 안 먹을 거라고 하면서 그래도 어떤 빵이 있는지 궁금하단다. 그리고 아내는 햄버거도 좋아한다. 햄버거는 가끔 먹고 싶다고 하면서 사줄까 물어보면 됐다고 대답한다. 많이 먹고 싶을 것이다. 그도 그럴 것이 몸이 안 좋아 가능하면 인스턴트 음식이나 밀가루나 기름진 음식을 피하여야 하기 때문에 자신이 기특하게도 절제한다.

반면에 나는 빵이나 햄버거류 등을 좋아하지 않는다. 그리고 커피나 술 종류도 먹지 않는다. 나는 하루에 세 끼 밥을 먹는 것만 선호한다. 중간에 간식 정도는 분식을 허용하기도 한다. 주식으로는 절대 싫어한다. 식사를 한 후에는 나는 그 외 다른 음식을 먹지도 않는다. 후식이라는 것도 나는 먹는 것을 좋아하지 않는다. 그렇다고 해서 주식으로 아예 안 먹었던 건 아니다. 예전에 공인중개사자격시험 준비할 때인데 그즈음에 방송대학교도 다닐 때다. 상황이 식당에 가기 애매한 경우가 생기니 그때는 빵 종류를 한동안 먹었던 것 같다. 식생활은 생존이기 때문에 상황이 달라지면 그렇게 되기도 하는가 보다.

사람들의 라이프 스타일은 각자 다르다. 하지만 공동 공간에선 내 라이프 스타일이 배제되기도 한다. 각자가 취미나 추구하는 놀이나 쇼핑 공간이 다른 것도 라이프 스타일이다. 어떤 부류는 운동을 취미로 하면서 운동을 안 하면 운동을 가려고 안간힘을 쓴다. 운동을 안 하면 몸이 힘들기도 하고 뭔가 이상하다고 한다. 등산을 취미로 갖기도 하고 낚시를 취미로 갖기도 하고 아님 여행을 취미로 한다.

나와 내 아내는 가끔 시간이 날 때 가는 곳이 아웃렛이다. 아내가 좀 불편한 관계로 별다른 곳에 가기는 애매하여서 그런다. 나와 아내는 그곳 아웃렛에 가면 아웃렛 외곽 한산한 곳에 주차하고 걸어서 아웃렛 매장에 들어간다. 아웃렛 매장 주변에는 차량들이 많아서 접근하기가 불편하다.

가끔 아내가 힘들어하면 가까운 곳에 내려주고 내가 주차를 하고 오기도 한다. 우리의 아웃렛 코스는 간단하다. 그곳에 가면 걸어서 구경을 하면서 스와로브스키라는 주얼리 매장에 가서 귀걸이, 목걸이를 구경하다가 아내가 사고 싶은 것이 있으면 골라서 사기도 하고 아내가 마음에 드는 것이 없다거나 신상이 없으면 구경만 하고 바로 나온다. 그러면 점심 무렵이 된다. 그곳 아웃렛 매장에 있는 식당에서 아내가 좋아하는 메뉴를 선택해서 먹고 다시 집으로 돌아온다. 우리 가족의 휴일 라이프 스타일은 아주 심플하다.

나와 아내의 집도 우리만의 스타일이 있다. 집을 설계하면서도 나는 창문은 크게, 인테리어는 모던하고 심플하게 인테리어 디자인을 했다. 나는 우리의 주거 공간을 히노끼 콤비 무절편백나무 원목으로 벽면 인테리어를 했다. 나는 내 아내와의 라이프를 즐겁고 행복하게 그리고 건강에 도움을 주는 원목 편백 벽면으로 주방 일부와 다용도 공간을 빼고 전부 시공하였다. 아내는 디자인상으로나 건강에 도움을 주는 편백나무 디자인을 아주 좋아했다. 주방 싱크대와 수납장도 깨끗한 화이트 계열에 빈티지한 느낌을 주는 도장 작업된 진열장으로 하고 벽면도 타일 시공을 하지 않고 싱크대 상판과 같은 대리석으로 인테리어했다. 거실과 주방은 언제 봐도 내 아내와 나의 즐겁고 행복한 담소를 나눌 수 있는 공간이다.

　위에 펼쳐진 그림같이 나만의 공간에는 빔 프로젝트를 설치해서 아내와 내가 여유로운 시간에 영화를 볼 수 있는 공간으로 만들었다. 나는 공사 기간 중에 빔 프로젝트 장비를 설치할 수 있게 내부에 프로젝트 설비 배관을 매립해서 보이지 않게 깨끗하게 설치하였다. 공사 중에 설치하여야 깨끗한 환경을 만들어주기 때문이다.

우리는 소파에 누워서 스크린을 보면서 우리만의 라이프를 즐긴다. 나는 집에 내 사무실이 있다. 내 건물에서 주거를 하면서 1층에는 내 직장이 존재한다. 한 건물에 직주가 있으니 집 안에서도 업무를 보기도 하면서 사무실에 상담 손님이 오면 내려가서 상담을 하기도 한다. 근무하다가 아내가 불편함이 없는지 1층 사무실에서 업무를 보다가 올라가보기도 한다. 내가 근무와 주거 생활을 동시에 하는 내 회사 사옥이기도 하다. 내 공간에는 빔 프로젝트가 있어 프레젠테이션을 준비하여 브리핑이나 회의를 할 수도 있다. 사무실과 주거 공간이 있는 단독주택은 내가 원하는 라이프 스타일을 보장하고 즐겁게 일하며 행복하게 살 수 있게 한다.

06

내가 짓고
싶은 집이
좋은 집이다

집을 짓는다는 것은 시간과 돈을 들여야 얻을 수 있는 것이다. 그냥 편하게 아무 노력도 없이 얻어지는 것은 아니다. 집을 짓는 것은 건축주가 원하는 것을 위해 주거 및 상업 공간을 디자인하는 일이다. 건축을 하려면 필요한 부지를 물색하여 찾아내고 먼저 내가 필요로 하는 건물이 무엇인지를 선택하고 건축 기술자를 구하고 건축 재료를 선택하여 건물을 만드는 것이다.

여행은 하다가 하기 싫으면 안 하면 되고 음악을 듣다가 듣기 싫으면 안 들으면 된다. 하지만 건축은 한 번 시작하면 중간에 하기 싫다고 하여도 하지 않을 수도 없고 지금 앞에 집이 싫다고 해서 없애버리고 다시 지을 수 있는 것이 아니다. 알고 하면 즐겁다. 처음 짓는 건축주들은 자기가 원하는 집이 무엇인지 잘 모르고 건축하는 사람들을 만나러 가게 된다. 어떤 집을 원하는지 물으면 예쁜 집을 원한다고 말한다. 구체적으로 질문하게 되면 자신이 뭘 원하는지 모르기 때문에 평소 보아왔던 건물들이나 차를 마시러 다니던 카페의 디자인을 보거나 유명 건물의 인테리어를 연상하고 그런 분위기를 원한다고 말한다.

카페나 유명 건물의 디자인은 그 건물에 그런 디자인 구성이 맞는 것이기 때문에 그 상태에서 예쁘고 세련되어 보이는 것이다. 그 디자인을 주거 공간에 가져다 놓으면 생활에 불편함을 느낄 수도 있다. 경험이 없는 건축주들은 간혹 주거 공간인 주택을 사무실이나 카페 같은 공간으로 생각하는 경우가 많다. 주거 공간인 주택은 편안하게 휴식하고 재충전하는 공간이다. 가족들과 의미 있게 소통하고 친밀감을 유지해주는 공간이라고도 할 수 있다. 외관이 화려하고 인테리어가 멋있고 형형색색의 조명들이 비추어지는 멋스러운 집이 좋은 건 사실이다. 멋있는 집, 예쁘고 화려한 집, 보고 지나가는 사람들이 부러워하는 집, 그런 집이 좋은 집일까. 돈 많이 들여서 예쁘고 멋있는 집도 좋지만 가족들의 주거 동선이 맞지 않고 불편한 평면이라면 집에 누수가 있고 습기가 있고 곰팡이가 생기고 겨울에는 난방비가 많이 들고 여름엔 에어컨을 빵빵 틀어야 하는 집이라면 주거하는 데 화려한 집은 의미가 없는 것이다.

사무 공간인 건물은 사람의 주거 공간으로 사용하지 않기 때문에 돈이 적게 들고 단열에서 조금은 자유롭지만 주거는 다르다. 우리나라처럼 겨울과 여름의 기온차가 큰 환경에서는 단열이 매우 중요하다. 단열과 방수보다도 다른 부분에 신경을 많이 쓰는 경우가 많은데 가끔씩 보면 시공사의 샘플하우스를 보고 일부 건축주들이 혹해서 그곳 시공사에게 의뢰를 하게 된다. 그런 시공사는 영업을 목적으로 일정한 곳에 모델하우스를 꾸며놓고 손님을 끌어들이는 경우가 많다.

일상생활에서 유혹에 넘어가거나 혹해서 하는 일이 잘되는 경우는 드물다. 그런 시공사를 몇 군데 봤는데 그 지역에 지은 대부분의 건물에 수시로 스카이크래인이 와서 외벽 누수공사, 내부 하자공사를 한다. 그런 상황을 알 리가 없는 건축주로서는 공사를 의뢰해서 그곳 시공사에 건축공사를 하게 하는 경우가 많이 있다. 물론 하청 업체가 자기 일처럼 마감작업을 해주면 큰 문제가 없다. 그런데 이런 업체가 대부분 저가 공사하는 하청 업체를 쓰기 때문에 하청 업체도 현장에서 아주 기본적인 공사만 하게 된다. 당연히 정밀공사를 하게 되면 인건비나 자재비가 올라가기 때문에 기본적인 공사만 하는 것이다.

주택의 건축은 틈새를 주지 않는 기밀공사다. 마감 인테리어 공사 전에 재료 분리된 틈새를 철저하게 막아야 한다. 그걸 하지 않으면 창문 주위에 결로로 보이는 습기나 곰팡이가 생기기도 하고 위아래 층에 소음이 발생할 수 있다. 방수 단열 공사라는 것이 기본만 하는 게 아니다. 틈새가 있는 곳이면 마감재로 그냥 덮는 게 아니고 틈새를 공기와 누수의 통로가 되지 않도록 기밀 작업이 필요한 것이다. 하지만 그냥 넘기는 시공사가 많다. 그런 이유는 관리 감독을 안 하고 하청 업체가 공사를 방치하거나 기밀방수공사에 대해 알지 못할 수도 있다. 기밀방수공사는 많은 경험이 있어야 알 수 있는 것이기도 하다.

흔히 알고 있는 실리콘이나 콘크리트만으로 완전히 했다고 볼 수 없다. 그곳에 조그만 틈새가 생긴다면 기밀하게 막지 않은 곳으로 흐르기도 한다. 미세한 누수가 집 안에 곰팡이나 결로나 습기가 생기게 만든다. 특히 창문 주변의 습기는 기밀방수시공을 하지 않아서 발생하는 경우가 많다. 이 경우 대부분 환기를 잘하지 않아서 그런 거라고 치부한다. 환기가 안 된 결로는 코너 구석부터 시작되기 때문에 창문과 거리가 조금 떨어진 습기나 곰팡이는 결로라고 보면 된다. 창문 주변에서 시작된 결로는 누수를 의심해보아야 할 것이다.

주거 공간은 집을 편안하게 쓸 수 있는 공간이 되어야 한다. 마감재의 선택도 중요하다. 마감재는 내장재로 구분된다. 외장재로는 대리석, 벽돌, 타일과 파벽돌, 인조대리석 노출 콘크리트, 징크 판넬, 고밀도 목재 패널 등 여러 가지가 있다.

일반적인 외장재 대리석은 중국에서 수입해서 가져오는 것으로 중국산 포천석 등이 가장 많이 쓰이고 있고, 여러 가지 다양한 중국산 대리석 가운데 가격도 포천석 대비 두 배 이상 비싼 것들도 있다.

벽돌은 가장 많이 아는 재료이고 주택에 많이 쓰이는 내외장 재료이고 외장에 쓰이는 벽돌을 치장벽돌이라고 한다. 점토벽돌과 고벽돌, 붙이는 파벽돌 등이 있다. 고벽돌은 옛날 건물에서 철거된 벽돌로 재생벽돌이라고 할 수 있고 자연스럽게 보이기도 한다.

인조 대리석은 보통 씽크대 상판이나 인테리어 재료로 많이 쓰이는데 외장 대리석으로 인조대리석은 색감이 고급스럽고 고급 건물을 만들어 주는 반면 외장용 인조 대리석은 주로 수입산이 많다. 단점으로는 단가가 비싸다는 점과 방습성이 떨어진다는 단점이 있다.

노출 콘크리트는 일반 콘크리트와는 다른 특수 주문에서 나오는 콘크리트로 기밀하고 틈새가 없고 매끈하다. 시공 시에 목공용 판넬도 노출

용 특수합판을 사용하여 표면이 매끄럽고 시공 후에 특별히 표면 가공이 필요 없고 재료 분리 부분만 노출 보수해주면 된다. 노출 콘크리트 시공은 기술이 매우 중요하고 철근 배근 또한 정밀하게 하여야 한다. 일반 철근 배근 시공과는 다르게 해야 한다. 말 그대로 도면을 상세도면 표기까지 완벽하게 그대로 찍어서 콘크리트통에 넣어야 하는 정도이다. 시공자가 전문 기술인이어야 하는 작업이다. 대부분 노출 콘크리트 흉내를 내서 표면이 거친 노출을 표현하거나 수지미장을 하여 그냥 깨끗한 면을 표현해놓고 노출 콘크리트라고 하는 경우가 대부분이다.

타일은 건물 내외벽 인테리어로도 많이 쓰이는데 주로 내장 재료로도 많이 쓰인다. 여러 가지 색깔이나 다양한 표현을 할 수 있는 장점이 있는 반면 겨울철 시공 시에 하자가 발생할 수도 있고 충격에 약하다.

고밀도 목재 패널은 강한 종이를 고온 압축하여 표면 코팅을 하여 만들어진 목재 모양으로 된 합성목재라고 보면 된다. 강한 내구성과 방수성에 변질이 없고 외부 노출에도 탈변색이 없다. 또한 시공성도 우수하고 주택을 멋스럽게 표현할 수 있는 외장재이다. 고가이기 때문에 시공 시에 비용적인 부분에서 고려가 필요하다.

스타코는 드라이비트 계열 미장스톤이다. 여러 가지 색감을 낼 수 있는 장점이 있는 외장재이다.

징크는 최근에 많이 쓰이는 외장재로 금속소재로 만들어진 외장재이다. 모던하면서 심플한 느낌을 준다. 방수성이 우수하고 친환경적인 자재로 많이 쓰이고 있다. 그 외에도 알루미늄 패널과 박판세라믹 판넬 등 외장재의 종류는 다양하게 있다.

외장재를 고가의 제품을 사용하여 멋있고 화려하게 표현하는 것도 좋을 수 있다. 주택에서 살다 보면 처음에 건축할 때는 외관을 열심히 보게된다. 시간이 지나고 나면 사실 외관은 거의 눈에 들어오지 않는다. 외장재는 실용적인 것을 하는 게 좋다. 가격적인 면에서 적당하고 깔끔한 것을 선택하는 것이 좋다. 실제 주거하는 건물에서는 외장재보다는 내장 인테리어 자재는 실생활에서 많은 시간을 주거생활에 영향을 준다. 그중에서 화장실이나 주방 복도에 사용하는 타일들이 있다.

타일은 굽는 온도 차이에 따라 도기질과 자기질, 석기질 타일로 구분된다. 도기질 타일은 비교적 낮은 온도에서 구워지는 타일이다. 화려한 패턴과 다양한 사이즈, 무게가 가볍기 때문에 벽타일로 많이 쓰인다. 강도가 약하고 물 흡수성이 있어서 실내 벽타일로 사용된다. 자기질 타일은 높은 온도에서 구워 강도가 강하고 무겁다. 강한 내구성으로 실내실

외벽과 바닥 용도에 다양하게 사용된다. 석기질 타일은 내구성이 뛰어나 주차장 바닥이나 외부 도로, 보도 블록 등에 사용되고 표면에 모양을 넣어 미끄러지지 않게 만들어준다.

도기질 타일은 실내벽에 사용되고, 자기질 타일은 실내실외벽이나 바닥에 쓰이고 석기질 타일은 외부 바닥에 쓰인다고 보면 된다. 이태리 등 유럽산 포세린 타일들도 있다. 주로 거실의 인테리어나 고급스러움을 표현하기 위해 실내벽과 바닥 파일에 사용하기도 한다.

타일의 종류도 많아서 여러 가지 색깔이나 질감에 따라 선택하여 사용하면 된다.

창호의 종류는 나무 PVC 알루미늄이 있다. 지금은 나무 소재는 거의 쓰이지 않는다. 나무는 내구성이나 소음 차단 열손실에도 취약하다. 주로 PVC가 많이 쓰이고 PVC는 단열방음에 강하다. 다른 소재에 비해 가격이 저렴한 편이다.

알루미늄은 가볍고 시공이 편리한 반면 단열에 약하다. 주로 상업용 건물에 쓰인다. 최근 고급 주택에서 많이 사용되기도 한다. 최근에는 기술 수준이 높아져서 삼중 유리를 사용하여 건물 미관이나 개방감을 주기 위해 사용된다.

자재의 종류는 다양하다. 자재의 선택은 각자 개성이 더 중요하다. 각자의 취향에 따라 좋아하는 재료의 호불호는 다르기 때문이다. 내가 멋있고 예쁘다고 느껴지는 것이 다른 이에게는 그렇지 않게 보일 수 있는 것이다.

건축을 한다는 것은 내가 살고 싶은 집을 짓는 것이다. 좋은 건물을 짓는다는 것은 다른 건물을 흉내 내기 위해서도 아니고 카페나 상업용 건물을 짓는 것도 아니다. 내 생활의 편리함을 위해서 건축을 하는 것이다. 거실의 쓰임새가 책을 읽기 좋아하는 사람은 책을 읽는 분위기가 되어야 하는 것이고, TV를 보는 것을 즐겨 하는 사람은 편안하게 TV를 볼 수 있는 환경이 되어야 한다. 그리고 차를 마시는 공간이 필요하면 차 마시고 담소를 나누며 사색을 즐길 수 있는 공간이 되어야 한다. 주방의 공간도 주부가 원하는 조명이나 씽크와 진열장 구조가 되어야 한다. 내 집을 짓는다는 것은 심플하다. 내가 짓고 싶은 집을 짓는 것이다. 그런 집이 좋은 집이다.

07

아파트보다
단독주택이
대세이다

단독주택을 떠올리면 자유롭고 편안한 주거이다. 우리 가족들만이 생활을 하는 공간이라서 주변에 구애받지 않고 공동주택에서 주는 복잡함이 없고 가벼운 느낌을 준다. 아파트나 빌라는 층간소음으로 불편함을 겪는 경우가 많은 반면 단독주택은 이웃 간의 분쟁에서 자유로울 수도 있고 아이들이 뛰어놀 수 있는 공간이나 활동의 제약이 적다. 가족들만의 공간이 있어 손님을 초대하여 음식을 먹거나 고기를 구워 먹을 때도 아파트 같은 경우 여러 세대의 냄새가 올라와 걱정이지만 단독주택은 바비큐 구이를 자유롭게 하면서 즐길 수 있다는 장점도 있다. 흡연자의 경우 일정 공간을 흡연할 수 있는 공간으로 두어서 밖으로 나가지 않고 흡연을 할 수도 있다.

주택을 건축할 경우에는 자기만의 공간을 건축으로 풀어낼 수 있어서 피아노 연주나 소음이 조금 나는 취미생활도 자유롭게 내 집에서 편안히 할 수 있어서 좋다. 단독주택은 설계 단계에서부터 획일적인 구조로 대중의 취향을 표현한 아파트에서 할 수 없는 내 가족들이 원하는 공간 배치를 할 수도 있다. 방의 위치를 원하는 곳에 둘 수도 있고 위층에 주방 공간을 만들 수도 있고 화장실을 건식과 습식 공간으로 나눌 수도 있고 건식 세면대를 만들어 화장실이나 주방 수전에 가지 않고 곧바로 세면대에서 외출에서 돌아와 손을 씻을 수 있게 할 수 있다. 남는 공간에 빔 프로젝트를 설치하여 작은 영화를 볼 수 있는 공간을 시공해볼 수도 있다.

아파트에서는 대중적인 취향으로 건축되었기 때문에 나중에 공간을 보수하여 제한적인 범위에서 해볼 수는 있겠지만 이사를 하게 될 경우에는 불리하게 되는 상황이 올 수 있어 약간의 분위기를 바꾸는 정도로 할 수 있을 것이다. 하지만 단독주택은 신축할 경우에는 내가 추구하는 삶에 가깝게 실현할 수 있다. 다가구용 단독주택은 층간소음을 방지할 수 있는 시스템을 사용하여 층간소음이 미미하도록 실현할 수도 있다. 내가 거주하고 있는 집은 층간소음 시스템을 적용하여 상하의 층간소음을 억제하였다.

아파트 공간도 편리한 장점이 많다. 도시계획에 의해 조성된 아파트 주변에는 도로 등 교통 편의성과 마트 등 문화 시설이 갖춰져 있고 관리사무소가 있어 주기적으로 하자보수를 해주기 때문에 편리한 부분도 많이 있다. 하지만 단독주택도 건축 기술자를 잘 만나면 하자보수기간이 지나도 보수를 잘해준다. 애완동물을 키우는 가정에서는 아파트 같은 공동주택에서는 조금 이웃과 관계가 껄끄러울 때가 있다. 단독주택은 아무래도 그런 점에서는 공동주택보다는 자유롭다. 요즘은 애완동물을 키우는 가구가 늘어나는 추세이다. 1인 가구들이 많이 늘어나서 홀로 있는 시간에 반겨주는 애완동물을 키우는 집들이 많아지고 있기 때문이다.

최근 부동산 가격의 상승으로 인한 부동산 대책으로 수도권 대부분 지역이 투기과열지구나 조정지역으로 지정되어 아파트를 구입하는 데 어려움이 많아졌다. 너무 많이 오른 가격에 진입하는 데 엄두가 나지 않는다. 새로운 아파트 분양에 청약을 하기도 말 그대로 어정쩡한 상태가 된 것 같다. 분양을 받게 되면 입주해야 되고 의무거주 기간이라는 것이 있어 실질적으로 일정 기간은 집을 처분할 수도 없을 뿐더러 여러 해를 그곳에 거주해야 해서 주거이전 자유가 제한되기도 한다. 이제는 새로운 주거의 대안이 필요한 때이다.

다주택자는 투기 세력으로 간주되어 양도세 중과세가 불가피하다. 수입을 얻으려면 가격을 끝없이 올려받아야 할지도 모르는 실정이다. 주택을 가진 사람도 걱정이지만 주택이 없는 세입자들도 걱정이다. 임대료도 가파른 상승으로 인해 직장과 주거의 접근성이 떨어지는 임대 시장으로 밀려나야 하는 임차인들도 늘어나고 있다. 임차인들도 이쯤 되면 집을 사야 한다는 생각을 하게 된다. 너무 오른 아파트 가격에 엄두가 나지 않을 뿐이다. 이제는 아파트만 고집할 것이 아니라 대체 주택을 생각해야 하는 때라고 본다.

최근 토지 시장의 입찰 및 추첨 경쟁률은 엄청나다. 초고가를 써내서 낙찰을 받는 사람들도 있다. 아파트 가격이 너무 오르게 되니 주변의 토지의 값이 많이 올라간 것이다. 이것을 본 투자자들이 높은 낙찰가율을 제시해서 낙찰을 받는 경우가 생긴다. 지금은 단독택지에 관심을 갖는 일반 수요자들이 많아지고 있다. 단독택지는 토지의 소유가 내 것이고 건물에 임차를 줄 수도 있고 내가 들어가 살 수도 있는 것이다. 지금은 현실적으로 팔 수도 살 수도 없는 아파트에 연연하지 않는다는 얘기다.

토지는 택지지구의 토지나 일반 토지나 공부가 필요하다. 지식이 없이 최근 입찰로 변해버린 토지 입찰에서 투자 이익을 보지 못하고 토지와 건물이 세월이 지나 오르기만 바라고 기다리게 될 수도 있다. 토지를 분양받을 때는 수익성을 고려하여 주변의 시장 가격에 맞는 적정가에 입찰을 받아야 내 토지의 지가 상승의 기운을 맛볼 수 있다. 아파트와는 달리 주택을 지을 수 있는 부지는 투자 가격에 비해 지가 상승과 수익을 보장해주는 아주 좋은 재화이다.

지렛대를 이용하여 투자를 하게 되면 적은 자본으로 임대를 해서 투자금을 회수할 수도 있고 아니면 월세 수입을 올려서 안정적으로 대출금을 상환할 수도 있다. 건축해서 받는 임대료를 자기 상황에 맞게 분배할 수 있는 것이다. 투자 자금을 회수하게 되면 다른 재화에 재투자할 수 있는 기회를 가질 수 있다.

내가 아는 건축업자인 건축주들은 과거에 빌라나 상가를 해본 사람들이 많이 있다. 그들은 과거의 투자 경험을 이렇게 말한다. 주택에서 벌은 돈을 빌라에 투자해서 다 날렸다는 사람들도 있다. 어떤 이는 돈을 모아 상가건물에 투자했다가 분양이 안 되어 이자가 불어나서 그동안 벌었던 것을 잃었다는 사람들도 있다. 그분들의 한결같은 말은 상가주택이나 다가구주택은 실패가 없다고 한다. 물론 상가나 빌라에 투자해 돈을 많이 번 분들도 주변에 많이 있다. 분명 내 형편에 맞게 자본 계획을 세워서 투자해야 한다는 말이다.

주택은 대출을 받아 투자해도 임대를 주고 입주가 끝난다면 이자는 내 돈으로 내지 않아도 되기 때문에 안전하다는 것이다. 사실이 그렇다. 물론 말했듯이 무리한 자본 투자가 아니라는 전제이다. 이런 주택 투자는 분명히 공부를 잘하고 해야 하는 것이 사실이다. 알고 해야 한다는 것이다. 아파트는 내 개인이 사는 집이지만 다가구나 점포주택은 임차인이 있는 건물이어서 그런 주택의 속사정을 잘 이해하고 알고 있어야 한다. 사실 경험에서 나오는 것이 주택 투자의 노하우인 것도 사실이다.

한순간에 오른 아파트를 바라보기보다는 이제는 내 취향이나 가족들의 주거 생활의 질을 높이고 편리함을 만들 수 있는 그런 단독주택을 짓고 사는 것이 트렌드이다. 단독주택에 대한 욕구는 최근 토지 분양 시장에서 확실히 나타나고 있다. 이제는 아파트보다 내 땅과 내 취향과 나만의 공간을 가질 수 있는 단독주택이 대세이다.